Jörg-Michael Günther

Justitia in Verlegenheit

Kuriose Rechtsfälle von 1885–1995
vergnüglich kommentiert

Eichborn Verlag

Wer vom Gericht bringt heile Haut,
Der mag wohl jauchzen überlaut!
SPRICHWORT AUS DEM MITTELALTER

Dieses Buch widme ich meinen Töchtern
Sarah und Janna

Die Deutsche Bibliothek — CIP-Einheitsaufnahme

Justitia in Verlegenheit : kuriose Rechtsfälle von 1865–1995 /
ges. und vergnüglich kommentiert von Jörg-Michael Günther. —
Frankfurt am Main : Eichborn, 1995
ISBN 3-8218-3393-9
NE: Günther, Jörg-Michael [Hrsg.]

Inhalt

I. Eine kleine Einführung in Justitias großes Reich

Um einen Staat zu beurteilen,
Muß man sich seine Gerichtsurteile
ansehen.

FREI NACH LEO TOLSTOI

In unserer konfliktsüchtigen Gesellschaft kommt über kurz oder lang alles einmal vor Gericht. Streit muß offenbar sein. In Umkehrung alter Juristenweisheiten herrscht im Paragraphen-Dschungel der unumstößlich scheinende Grundsatz: Es liegt oft näher zu klagen als sich zu vertragen! Und deshalb wurde schon alles Mögliche und Unmögliche den Augen der armen, sehbehinderten Justitia unterbreitet. Die Göttin der Gerechtigkeit wird so von einer Verlegenheit in die andere gestürzt. Ihre Waage kommt kaum zur Ruhe, das Schwert wird stumpf und stumpfer. Es gibt offenbar im Leben des modernen Menschen nichts, aber auch wirklich gar nichts, was nicht zum Gegenstand eines Prozesses gemacht werden könnte. Dies ist allerdings kein Wunder, denn schließlich heißt es ja in unserem geheiligten Grundgesetz[1] in Artikel 103 GG:

»Vor Gericht hat jedermann Anspruch auf rechtliches Gehör«.

Man muß es sich nur verschaffen. Besonders oft hört man dort die Anwälte: Im Namen ihrer Klientinnen und Klienten klagen diese *»Organe der Rechtspflege«* gegen und um alles, was ihnen vor die juristische Flinte kommt.[2] Schenkt man den kursierenden Gerüchten Beachtung, so teilen Rechtsanwälte hierzulande Menschen nur noch in zwei Gruppen ein: solche mit einer Rechtsschutzversicherung und den bemitleidenswerten Rest. Für eine Klageerhebung soll es allerdings oft schon ausreichen, daß man als Betroffener überhaupt zur Spezies »Mensch« gehört. Und selbst das ist nicht unbedingt erforderlich, wie eine Klage der »Seehunde in der Nordsee«[3] gegen die Meeresverschmutzung vor wenigen Jahren zeigte. Da die animalischen Kläger die – übrigens tierisch hohen – Rechtsschutzversicherungsprämien nicht bezahlt hatten, mußten Naturschutzverbände einspringen und den Rechtsanwalt beauftragen sowie honorieren.[4] Die fachkundige rechtliche Hilfe war allerdings umsonst, denn die bedauernswerten Seehunde erlitten in dieser schwierigen Rechtsangelegenheit juristisch Schiffbruch.[5] Sie spürten als Meeresbewohner in besonderem Maße die Richtigkeit des alten Juristenspruchs: Vor Gericht und auf hoher See ist man in Gottes Hand! Nach der äußerst spitzfindigen Auffassung des Verwaltungsgerichts Hamburg waren die Prozeßanträge der Seehunde schon unzulässig, »weil unbestimmt und auch nicht bestimmbar ist, welche species (Phoca vitulina, Phoca hispida, auch Halichoerus cristata und weitere?) in welcher Anzahl und näherer örtlicher Verbreitung das Antragsrecht als vermeintliches Rechtssubjekt wahrnimmt«[6]. Das war Juristerei in Reinkultur! Man wollte gerichtlicherseits partout nicht zulassen, daß die prozessualen Formalien vor die Seehunde gehen. Vor die Hunde geht aber unsere Justiz, wenn sie mit solchen unnötigen – von vorneherein aussichtslosen – Klagen überschwemmt wird.[7]

Der Anwaltschaft darf allerdings nicht allein die Schuld an der Überlastung unserer Justiz gegeben werden. Neben einer Unzahl von Gesetzen, Verordnungen und Erlassen[8] ist einer der Hauptgründe sicher die genüßlich gepflegte urdeutsche Neigung zur Prozeßhanselei. In vielen von uns steckt offenbar ein Michael Kohlhaas[9]. Auf geradezu fatale Weise verbinden sich dann existentielle Bedürfnisse des Anwalts nach Entlohnung[10] mit dem unstillbaren Verlangen von Bürgern nach der absoluten Gerechtigkeit in ihrem jeweiligen Einzelfall: Nichts macht die Menschen so unverträglich wie das Bewußtsein, genug Geld für einen guten Rechtsanwalt zu haben (Ausspruch von Richard Widmark). Und das findet statt in einem Staat, der über den größten Richterhof der ganzen Welt verfügt.[11] Es fehlt also nicht an einem fruchtbaren Boden, auf dem der alltägliche Kampf um das Recht erst so richtig gedeihen kann.[12] Viel wäre schon geholfen, wenn man sich an den Maximen Shakespeares orientieren würde:[13]

»Beware of entrance to a quarrel,
but being in it
Bear't that th'opposed may beware of thee.«

Übersetzt heißt diese Passage aus Hamlet:
»Hüte Dich vor Streit,
doch wenn Du in ihm bist,
dann halt' Dich so, daß sich vor Dir
der Gegner hütet.«

Doch viel zu wenige kennen den genialen Dichter. Spitzenreiter der Ignoranten dürfte ein Kläger sein, der dieselbe Klage gleichzeitig bei 74 Arbeitsgerichten einreichte, um seinen Prozeßgegner – ohne Anwalt – zu schikanieren.[14] Niemand läßt sich wohl heutzutage davon abschrecken, daß schon das Paragraphenzeichen aussieht wie ein Folterwerkzeug[15] und die darin enthaltene Drohung – zumindest für die unterlegene Prozeßpartei oder für den verurteilten Straftäter – auch wahr wird. Der Irrglaube vieler »Rechtsuchenden«[16] an den vollkommenen Rechtsstaat und an die absolute Gerechtigkeit führt in der Gerichtspraxis zu den kuriosesten Prozessen. Gerade sie sollen Gegenstand der vorliegenden Fallsammlung sein, um so – etwas abseits des grauen Justizalltags – ein bunteres Licht auf unseren Rechtsstaat zu werfen. Das Bild der deutschen Paragraphenwelt wurde viel zu lange nur von trockenen Urteilen geprägt.

Ausgangspunkt war die Erfahrung, daß es hochoffizielle Urteilssammlungen schon mehr als genug gibt. Streng getrennt nach Gerichten finden sich in allen juristischen Bibliotheken beispielsweise entsprechende Studienbände des Bundesverfassungsgerichts, der Bundesgerichtshöfe in Zivil- und Strafsachen, des Bundesarbeitsgerichts, des Bundessozialgerichts, des Bundesfinanzhofs und der Obergerichte. Sie alle gehören zur Pflichtlektüre jedes einigermaßen sorgfältig arbeitenden Richters, Staatsanwalts, Verwaltungsjuristen oder Vertreters der Anwaltszunft[17], vom gesamten Juristennachwuchs ganz zu schweigen. Wie heißt es so schön bei Oscar Wilde: »Wer das Gesetz kennt, der kennt seine Pflicht«. Alle Juristen wissen folglich, welche trockenen Studienbände sie für ihr Fachgebiet – theoretisch – regelmäßig zu lesen haben. Neben der Pflichtlektüre sollte es aber mehr geben, sonst geht das positive Gefühl für Justitia auf Dauer verloren. Aus diesem Grund wird hiermit eine rechtsübergreifende Urteilssammlung kurioser Fälle vorgelegt, die zum Beispiel die menschliche Seite von Prozessen und Prozeßgeschichten stärker beleuchtet. Als neues Justiz-Buch will dieser Band deshalb den Blick mehr auf das wahrhaft pralle Gerichtsleben lenken.[18] Die Auswahl der Rechtsfälle für diese Sammlung war naturgemäß schwierig. Ich habe mich nur auf deutsche Urteile und Beschlüsse beschränkt, obwohl das Ausland auch viel juristisch Kurioses zu bieten hat. Wer denkt nicht gleich an den berühmten »Affenprozeß« in Amerika (Dayton, Tennessee), wo die Abstammung des Menschen vor Gericht zur Debatte stand. Der Biologielehrer John T. Scopes hatte entgegen eines neuen Gesetzes die Entwicklungstheorie Darwins an einer High School gelehrt, was ein Strafverfahren zur Folge hatte.[19] Die Aufnahme solcher internationalen Fälle in die Sammlung hätte aber den gesetzten Rahmen bei weitem gesprengt.

Bei der einzelnen Entscheidung über die Aufnahme eines Urteils oder Gerichtsbeschlusses deutscher Gerichte habe ich mich u. a. von dem Kriterium leiten lassen, ob bestimmte Urteile auf irgendeine Weise Blüten des Justizalltags darstellen, die vor dem Verblühen bewahrt werden sollten. Manche Urteile sind geradezu Realsatire geworden. Ist es beispielsweise nicht unglaublich, wenn ein Arbeitgeber vom Gericht bestätigt haben möchte, daß er für seine Arbeitnehmer keine Kirchenlohnsteuer abführen muß, weil eine Vorfahrin 1664 als Hexe verbrannt worden ist?[20] Hat man als männlicher Sozialhilfeempfänger gegenüber deutschen Behörden einen gerichtlich durchsetzbaren Anspruch auf mehr als 20 kostenlose Kondome pro Monat?[21] Muß ein getrennt lebender Ehemann als Unterhalt neben dem Gehalt auch Skatgewinne an seine Ehefrau abliefern?[22] Über all dies kann man wirklich – nicht nur in juristischer Hinsicht – trefflich streiten.

Ich hoffe, daß ich den mir zustehenden Freiraum in vertretbarer Weise genutzt habe.[23] Der Bogen wurde inhaltlich bewußt ziemlich weit gespannt: Es finden sich in dieser Sammlung ebenso Urteile über versuchten Mord wie über die Problematik gesetzwidrig schlafender Richter. Die Auswahl erstreckt sich dabei zeitlich von uralten Entscheidungen des Reichsgerichts aus dem Jahre 1885[24] bis zum hiermit erfolgten Hinweis auf eine 1995 veröffentlichte Entscheidung des Bundesverwaltungsgerichts aus dem Jahr 1994, wonach Verstorbene noch im Grab enteignet werden dürfen![25] Dennoch kann die Fallsammlung – schon wegen ihres experimentiellen Charakters – in keiner Weise Anspruch auf eine wie auch immer geartete Vollständigkeit erheben. Es bleibt zu hoffen, daß mit diesem Ansatz für jeden Leser und für jede Leserin ein juristischer Leckerbissen dabei ist. Immerhin finden sich neben Fällen von grundsätzlicher Art auch Urteile, bei denen die Justiz als schönste Nebensache der Welt erscheint. Wie schon erläutert, waren – anders als bei offiziellen Urteilssammlungen – bei der Aufnahme des einen oder anderen Urteils eben nicht ausnahmslos wissenschaftliche Gesichtspunkte entscheidend, sondern darüber hinaus auch der Wunsch, Lesevergnügen zu bereiten.[26] Aus dem gleichen Grund wurden aus den oft sehr langen und manchmal langatmigen Urteilen vielfach nur die entscheidenden Passagen, mit einem kleinen Kommentar versehen, wiedergegeben.[27] Bei Bedarf können die kompletten Urteile an den angegebenen Fundstellen nachgelesen oder bei den Gerichten angefordert werden.

Ich habe die gesamte Vorgehensweise nach langer Prüfung und Diskussion im Kollegenkreis für vertretbar gehalten, weil erfahrungsgemäß gerade die oft trockene Lektüre offizieller Urteilssammlungen schnell zu Ermüdungserscheinungen führen kann. Eine alternative Urteilssammlung kann vielleicht – als leichtverdauliche juristische Mahlzeit zwischendurch – für die Pflichtstudien der offiziellen Fallsammlungen neue Kraft geben. Vielleicht finden aber auch Nichtjuristen oder Nichtjuristinnen – was für ein schreckliches Fachwort – durch die besonderen Fälle Spaß an der oder sogar Verständnis für die Jurisprudenz und deren irdischer Vertretung.[28]

Auf der anderen Seite vermitteln aber alle hier aufgenommenen Urteile auch Grundvorstellungen des Rechts, so daß beispielsweise der – oft mehr unfreiwillige – Humor oder kuriose Verfahrensgegenstand niemals für sich allein zur Erwähnung in dieser Sammlung geführt hätte. Zur juristischen Vertiefung dienen deshalb die zahlreichen Fußnoten. Ich habe außerdem darauf geachtet, daß keine Urteile abgedruckt wurden, die man rechtsdogmatisch als klare Fehlurteile bezeichnen könnte.[29] Das war nötig, um die Abgrenzung zu bestehenden und auch künftigen amtlichen Urteilssammlungen zu wahren. So hatte schon am 4.5.1960 der damalige Bundesjustizminister unter dem Eindruck eines damals aktuellen und spektakulären strafrechtlichen Justizirrtums seine Bereitschaft im Deutschen Bundestag erklärt, mit den Landesjustizministern die Frage zu erörtern, ob und in welchem Umfang eine »Amtliche Sammlung strafrechtlicher Fehlurteile« angelegt werden könne.[30] Derart wichtigen offiziellen Projekten, die von der juristischen Fachliteratur seit 1875 (sic!) immer wieder gefordert werden[31], wollte ich bewußt nicht vorweggreifen; die Idee allerdings ist meines Erachtens durchaus reizvoll!

Bei einer Bewertung und Einordnung der kuriosen Rechtsfälle muß zum Schutz der rechtsprechenden Gewalt berücksichtigt werden, daß sich die beteiligten Richter und Richterinnen die entschiedenen Fälle nicht ausgesucht haben. Justitia ist einfach in die Verlegenheit geraten, sie entscheiden zu müssen. Am besten ist für Richter immer die Gerichtsakte, die gar nicht erst auf den Schreibtisch kommt oder nicht viel Arbeit macht.[32] Jeder Rückschluß vom Prozeßstoff auf irgendwelche merkwürdigen Neigungen der entscheidenden Vertreter der Justiz – etwa, daß skurrile Richter sich bevorzugt kuriose Fälle zur Entscheidung vornehmen – wäre deshalb böswillig und falsch. Richter und Richterinnen werden nämlich durch Gesetz und gerichtlichen Geschäftsverteilungsplan gezwungen, sich auch mit anrüchigen und verrückten Prozeßgegenständen zu befassen, wenn sie als Justizpersonen zuständig sind. Niemand darf eben seinem gesetzlichen Richter entzogen werden (Art. 101 GG). Oft entscheidet über die Zuständigkeit schlicht und einfach der Anfangsbuchstabe eines Klägers oder Angeklagten, also der Zufall.[33] So funktioniert der Rechtsstaat.[34]

Allerdings bleibt festzuhalten, daß jeder Richter, der urteilt, automatisch auch ein Urteil über sich selbst fällt. Dieser Berufsstand hat sozusagen von berufswegen Recht, was die Persönlichkeit auf Dauer prägt. So gesehen gibt gerade diese Urteilssammlung mit ihren extremen Rechtsfällen einen sehr tiefen Einblick in die Gedankenwelt und Würde der Justiz, wie er bei Standardfällen in dieser Intensität kaum gewährt wird. In ihrem Hang zu juristischer Perfektion neigen gerade deutsche Richter und Spruchkörper (was für ein Wort!) dazu, jedes Klagebegehren grundsätzlich völlig ernst zu nehmen[35] und schulmäßig mit größtem Scharfsinn streng nach Gesetz und Recht zu entscheiden. Daß es dadurch zu Grundsatzentscheidungen über die größten tatsächlichen und juristischen Kleinigkeiten kommt, muß wohl hingenommen werden.[36] Erst die weit verbreitete teutonische Nüchternheit erlaubt es offenbar einem Richter, sich pflichtgemäß mit den größten Absurditäten zu befassen, ohne den Eindruck von Befangenheit zu erwecken.[37] Oft ist dabei das Absurde und Skurrile todernst. Gelegentliche heitere Ausbrüche wie beispielsweise Urteile in Versen und Reimen – eine Art intellektueller Notwehr – wurden von der juristischen Fachwelt hart bekämpft und sind Einzelfälle geblieben.[38] So gesehen, muß man die Selbstbeherrschung vieler Richter bewundern. Eine Justiz ist eben nur soviel wert, wie ihre Richter (Theodor Weisenborn). In diesem Sinne meine ich, daß der vorliegende Band durchaus ein überzeugender Beweis für die wahnsinnige Leistungs- und Leidensfähigkeit der deutschen Justiz und ihrer juristischen Geistesathleten und Geistesathletinnen ist. Die Göttin der Gerechtigkeit darf bei allem aber nicht betriebsblind werden. Vergessen wir zum Schluß deshalb nicht, was Fritz von Hippel in das Stammbuch der Juristerei geschrieben hat:[39]

»Im Recht erscheint die Waage der Justitia immer in zitternder Ruhelage. Daher bedürfen die Gewichte der Justiz immer erneuter Nachprüfung.«

Wenn der vorliegende Band – auf seine bescheidene Weise – nur etwas dazu beiträgt, hätte er seinen Zweck bereits erfüllt. Falls die Urteilssammlung darüber hinaus sowohl Vergnügen bereitet als auch Kenntnisse von unserem Rechtssystem vermittelt, wäre das Ziel gänzlich erreicht. Für Verbesserungsvorschläge[40] – gleich welcher Art – bin ich jederzeit dankbar. Gleiches gilt für Hinweise auf andere kuriose Rechtsfälle.[41]

[1] Vgl. dazu das schöne Bonmot von Lembke: »Man sollte das Grundgesetz auf den Index setzen, dann würde es vielleicht gelegentlich gelesen werden.«

[2] Vgl. auch § 78 ZPO, der für bestimmte Prozesse den sogenannten Anwaltszwang festlegt.

[3] VG Hamburg, NVwZ 1988, 1058.

[4] Die Naturschutzverbände agierten im Prozeß übrigens für die Seehunde als »Geschäftsführer ohne Auftrag« gemäß §§ 675 ff. BGB.

[5] VG Hamburg, NVwZ 1988, 1058.

[6] Vgl. aber Bosselmann: Eigene Rechte für die Natur, KritJ 1986, 1 ff.

[7] Umweltpolitisch machte allerdings die Klage schon Sinn, denn sie lenkte den Blick auf die unerträgliche Verschmutzung der Nordsee durch eingeleitete Giftstoffe. Doch darf man Justitia dafür mißbrauchen?

[8] Vgl. dazu den Erklärungsversuch von G. Kaiser: Tendenzen in der Entwicklung des heutigen Strafrechts, Schriften der ev. Akademie in Hessen und Nassau, H. 103/1973, S. 37: »… die Gesellschaft ist anscheinend gehalten, wegen des Abbaus alter informeller Sozialkontrollen die Strukturen formeller Selbstkontrolle, und das heißt die Verrechtlichung, voranzutreiben.«

[9] Vgl. dazu Sendler, Horst: Über Michael Kohlhaas – gestern und heute, 1985; siehe ferner N.N.: Über die Crux von Festschriften und von Jubilaren, DöV 1991, S. 714.

[10] Vgl. dazu die Bundesrechtsanwaltsgebührenordnung, abgekürzt BRAGO.

[11] Vgl. Sendler, Horst: Der Maria-Theresien-Taler als Mittel zur Rechtsfindung, DöV 1991, S. 522; ders.: Der Rechtsstaat im Bewußtsein seiner Bürger, NJW 1989, S. 1768. Fn. 57 m.w.N.

[12] Vgl. bei Ihering, Rudolf: Der Kampf ums Recht. Abgedruckt in: Erik Wolf: Deutsches Rechtsdenken. Heft 10, 5. Aufl. 1977: »Das Ziel des Rechts ist der Friede, das Mittel dazu ist der Kampf.«

[13] Vgl. dazu Sina, Peter: Goethe als Jurist. NJW 1993. S. 1432.

[14] vgl. ArbG Hamm: MDR 1966. 272.

[15] So das schöne Bonmot von Jerzy Lec, Stanislaw, abgedruckt bei Tange, Ernst Günter: Vom Vergnügen, Recht zu haben, S. 39.

[16] Die Jurisprudenz ist realistisch und kennt den Ausdruck des »Rechtsfindenden« übrigens überhaupt nicht!

[17] Es gehört z.B. haftungsrechtlich zur Pflicht von Rechtsanwälten sich fortlaufend auch anhand der Urteilssammlungen über die aktuelle höchstrichterliche Rechtsprechung zu informieren.

[18] Ein ähnlicher Ansatz findet sich bei Braun: Kunstprozesse von Menzel bis Beuys, 1995.

[19] Vgl. zu dem berühmten Prozess auch Skaupy, Walter: Große Prozesse der Weltgeschichte, S. 248 ff.; Grebstein, Sheldon Norman (Hrsg.): Monkey Trial. The State of Tennessee versus John Thomas Scope, Boston 1960.

[20] FG München, NJW 1990, 1256.

[21] OVG Hamburg, NJW 1991, 941.

[22] OLG Düsseldorf, NJW 1993, 3078.

[23] Soweit kuriose Urteile bereits weithin in der Presse und Fachliteratur publiziert wurden – Musterbeispiel ist die immer wieder lesenswerte rheinische Judikatur zur Haftung für »Kölsche Brauereigäule« (AG Köln, NJW 1986, 1266; vgl. auch LG Köln, NJW 1987, 1421; siehe dazu den Überblick von Vorpeil, Klaus: Urteilssprache im internationalen Vergleich, NJW 1994, 1925) – habe ich von Fall zu Fall über die nochmalige Aufnahme in die Fallsammlung entschieden.

[24] Vgl. dazu auch Seibert, Claus: Ältere Entscheidungen des Reichsgerichts, MDR 1967, S. 276: »Es ist jedenfalls durchaus nicht so, daß alte Erkenntnisse aus den Anfängen des Reichsgerichts heute Schall und Rauch und »olle Kamellen« sind.«

[25] BVerwG, Urt. v. 28.7.1994, 7 C 14/94.

[26] Ein solches Unterfangen ist keineswegs standeswidrig, wie z. B. die Beiträge des ehemaligen Präsidenten des Bundesverwaltungsgerichts, Prof. Horst Sendler, nachhaltig beweisen, vgl. nur seinen herrlichen Aufsatz »Der Maria-Theresien-Taler (MTT) als Mittel zur Rechtsfindung«, DöV 1991, S. 521 ff.; Sendler, Horst: Über sog. humoristische Urteile, NJW 1995, S. 847 ff.«

[27] Dabei wurden auch zur Wahrung der Übersichtlichkeit nicht alle mitunter äußerst umfangreichen und heute teilweise überholten Zitate in den Urteilen hier abgedruckt, ohne daß dies jeweils immer kenntlich gemacht wurde. Die kompletten Zitate können an den angegebenen Fundorten der zusammengetragenen Urteile nachgelesen werden.

[28] Vgl. in dem Zusammenhang auch Wengler, Wilhelm: Über die Unbeliebtheit der Juristen, NJW 1959, S. 1705 ff.: »Anders als in England hat es in der deutschen Kulturgeschichte nie eine ehrfürchtige Achtung vor der Funktion des Zivilrichters, anders als in Frankreich hat es keine in die bürgerliche Familientradition übernommenes Vertrauensverhältnis zum Notar, anders als in Italien hat es keine im Volkscharakter verwurzelte Bewunderung gegenüber der juristischen Rhetorik des Anwalts gegeben.«

[29] Umstrittene Entscheidungen fanden hingegen sehr wohl Aufnahme in die Fallsammlung.

[30] Vgl. 111. Sitzung des 3. Bundestages, StenBer. S. 6185; vgl. dazu auch Arndt, Adolf: NJW 1962, S. 25 ff.

[31] Holzendorff: Das Verbrechen des Mörders und die Todesstrafe, Berlin 1875, S. 366, Anm. 115: »Es fehlt in Deutschland leider an einer geeigneten Stelle, welche sich die planmäßige Sammlung richterlicher Irrtümer zur Aufgabe macht; meistenteils geraten die Fälle in zu frühe Vergessenheit. Man kann der Justiz nicht oft genug sagen, wie sehr sie der Gefahr des Irrens ausgesetzt ist.«; siehe auch Sello: Die Irrtümer der Strafjustiz und ihre Ursachen, Berlin 1911.

[32] Nur so kann man als Richter die Annehmlichkeiten des Richterlebens – es gibt keine festen Dienstzeiten – so richtig genießen und z. B. vormittags genüßlich mit Kollegen Tennisspielen; dort lauern allerdings auch juristische Risiken, vgl. Günther, Jörg-M./Kern, Martina: Die zivilrechtliche Haftung im Tennissport, VersR 1993, S. 796 ff.

[33] Vgl. dazu Sendler, Horst: Der Maria-Theresien-Taler, DöV 1991, S. 526: »Vom Zufall, der im Geschäftsverteilungsplan des Gerichts sozusagen strukturiert ist, hängt es ab, wen als gesetzlichen Richter der Bürger zu beanspruchen, aber grundsätzlich auch hinzunehmen hat: je nach »Zufall« einen klugen oder weniger klugen«.

[34] Zum Rechtsstaat vgl. auch Sendler, Horst: Rechtsstaat vor 200 Jahren und heute. Der Prozeß über des Esels Schatten und seine Lehren, NJW 1994, 2740.

[35] Vgl. dazu Putzo, Hans: NJW 1987, S. 1426: »Bei Urteilen hört jedenfalls der Spaß auf, auch wenn der Ernst nicht tierisch sein muß oder soll.«; überraschenderweise auch die Kritik von Sendler: Über sog. humoristische Urteile, NJW 1995, S. 847 ff.; siehe aber auch Sirius, Peter: »Man kann sich das Leben auch durch zu großen Ernst verscherzen.«; siehe ferner die grundlegende Darstellung von Ihering, Rudolf von: Scherz und Ernst in der Jurisprudenz, 1964.

[36] Kritisch dazu Schmidt-Hieber, Werner; Kiesswetter, Ekkehard: Parteigeist und politischer Geist in der Justiz, NJW 1992, 1793: »Wenn Urteile oberer Gerichte tiefschürfend und unter Heranziehung fundamentaler Rechtsgrundsätze darlegen, daß ein vom Hundeführer nicht beseitigter Hundehaufen oder nicht ordnungsgemäß entsorgte Pferdeäpfel umweltgefährdenden Abfall i.S. der § 326 StGB sein können, wenn seitenlang ausgeführt wird, unter welchen Umständen ein Marktweib belangt werden kann, das Eierkartons verwendet hat oder ein Hobbygärtner, der zur Brennesselbekämpfung zwei Eßlöffel Salz in die Gießkanne schüttet – dann sollte man nicht mit ironischem Kopfschütteln zur Tagesordnung übergehen.«

[37] Vgl. dazu Vorpeil, Klaus: Urteilssprache im internationalen Vergleich, NJW 1994, 1925.

[38] Vgl. LG Frankfurt, NJW 1982, 650; AG Schöneberg, NJW 1990, 1972; LG Köln, DNotZ 1970, 310; AG Rheine, NJW 1995, 894; besonders kritisch auch Putzo, Hans: NJW 1987, S. 1426 und Sendler, Horst: Über sog. humoristische Urteile, NJW 1995, S. 847 ff.; liberaler hingegen ist Werner Beaumont: Gesetz und Recht – in Vers und Reim, NJW 1989, S. 372; ders.: Vom Amtsschimmel zum Pegasus – die Sprache des Rechts in Vers und Reim, NJW 1990, S. 1969; ders.: Reim oder Nicht-Reim, JurBüro 1992, S. 583; sogar auch Baumbach-Lauterbach, ZPO, § 313 ZPO Anm. 7 D; vgl. auch Günther, Jörg-M.: BGB in Reimen, S. 12.

[39] Hippel, Fritz von: Die Perversion von Rechtsordnungen, S. 1.

[40] Nach Ludwig Marcuse ist »die Kritik das einzige öffentliche Urteil, gegen das es keine Revision gibt.«

[41] An dieser Stelle möchte ich mich bei Herrn Rechtsanwalt Dirk-Carsten Günther aus Köln für wichtige Hinweise – u. a. auf das Titelbild – herzlich bedanken.

II. Du sollst nicht stehlen!

1. Der dreiste Jurastudent

Leugnen will ich nicht,
in dem Gericht, das auf Tod erkennt,
sei unter zwölf Geschworenen oft ein Dieb,
wohl zwei, noch schuldiger als der Angeklagte.
Wer offenbar dem Rechte ward,
den straft das Recht.
Was kümmert's das Gesetz,
ob Dieb den Dieb verurteilt?

WILLIAM SHAKESPEARE

Die Zahl der Jurastudenten und Jurastudentinnen wächst von Jahr zu Jahr. Nicht immer, aber immer öfter gibt es unter ihnen leider einige, denen das moralische Rüstzeug für den juristischen Beruf fehlt. Ist es beispielsweise nicht völlig pervers, daß gerade in den juristischen Bibliotheken der Universitäten die meisten Bücher geklaut werden? Ist die Vorstellung nicht unerträglich, daß ausgerechnet solche »Kollegen« dann irgendwann einmal – und vielleicht sogar noch aus Berufung – Staatsanwälte oder Strafrichter werden? Um so erfreulicher, wenn man zur Abwechslung auf Gerichtsentscheidungen stößt, die sich solch einem kriminellen Treiben energisch entgegenstemmen. Als Beispiel sei auf ein Urteil des Oberlandesgerichts Köln verwiesen, das zwar schon etwas älter ist, aber an Deutlichkeit nichts zu wünschen übrigläßt. Folgendes war geschehen:[1]

»Der Angeklagte (Angekl.) hat im Frühjahr 1947 im Kellergang des Kölner Justizgebäudes aus den dort wegen der Nachkriegsverhältnisse untergebrachten Aktenregalen seine Personalakten fortgenommen und sie später im Garten seiner elterlichen Wohnung verbrannt. Nach den landgerichtlichen Feststellungen verfolgte er hiermit den Zweck, auf diese Weise seine Zulassung als Referendar zum Justizdienst zu erreichen, die ihm versagt war, weil er während seines Universitätsstudiums wegen Entwendung von Büchern aus der Seminarbibliothek disziplinarisch bestraft worden war.

Die Strafkammer (StrKammer) hat den Angekl. wegen Diebstahls in Tateinheit mit gewinnsüchtigem Verwahrungsbruch und wegen Betruges zu einer Gesamtstrafe von 10 Monaten Gefängnis verurteilt. Hiergegen richtet sich die Revision (Rev.) des Angekl. Das Rechtsmittel hatte keinen Erfolg.

Zur *materiellrechtlichen* Seite wendet sich die Rev. zunächst gegen die Verurteilung des Angekl. wegen Diebstahls. Sie macht hierzu geltend, daß die StrKammer Wesen und Begriff der Zueignung verkannt und übersehen habe, daß ein Diebstahl weder dann gegeben sei, wenn der Angekl. die Akten zunächst nur zu seiner Information in der Absicht späterer Rückgabe an sich genommen habe – in welchem Falle nur ein sog. Gebrauchsdiebstahl vorliege –

Et d'abord messieurs, laissez moi vous dire ce qu'est en substance
cette admirable congrégation des soeurs du sacré coeur de Marie.

noch auch dann, wenn die Wegnahme in der Absicht der alsbaldigen Vernichtung geschehen sei. Diese Rüge ist nicht zutreffend.

Die StrKammer hat die Einlassung des Angekl., er habe die Akten nur zur Einsichtnahme fortgenommen und die Absicht gehabt, sie danach wieder zurückzubringen, für widerlegt erachtet und demgegenüber festgestellt, daß die Wegnahme von allem Anfang an in der Absicht geschehen ist, sie für immer verschwinden zu lassen. Das legt das angefochtene Urteil in eingehenden Ausführungen dar, wobei es sich insbes. darauf stützt, daß der Angekl. sofort nach Entwendung der Akten damit nach T. gefahren und daß ihm ihr Inhalt und somit die Unmöglichkeit, auf Grund dessen in den Justizdienst Eingang zu finden, bekannt gewesen sei, so daß die Wegnahme zur bloßen Unterrichtung keinen Sinn gehabt hätte, wohl aber in Verbindung mit dem aus dem Sachverhalt ersichtlichen Streben des Angekl., unter allen Umständen in den Justizdienst zu gelangen, die Absicht, mit ihnen ein Beweismittel endgültig in die Hand zu bekommen, um darüber jederzeit frei verfügen zu können. Diese Feststellungen sind in verfahrensrechtlich einwandfreier Weise gewonnen und enthalten in der darauf gegründeten Anwendung des § 242 StGB keinen Rechtsirrtum.«

Das OLG Köln wies demzufolge die Revision zurück. Es blieb bei der Verurteilung des kriminellen Nachwuchsjuristen zu zehn Monaten Gefängnis wegen Diebstahls in Tateinheit mit gewinnsüchtigem Verwahrungsbruch und Betrug.

Und die Moral von der Geschicht':
Klau' Bücher und auch Akten nicht!

2. Der berühmteste Mundraub

Mancher gibt sich viele Müh'
Mit dem lieben Federvieh.

WILHELM BUSCH

Viele bedeutende Werke der Weltliteratur sind von juristischen Tatbeständen nur so durchsetzt.[2] Eine herausragende Stellung nimmt dabei sicher die bekannte Lausbubengeschichte von Max und Moritz ein. Die Schilderungen menschlicher Bosheiten und Schwächen machten Wilhelm Busch weltberühmt. Nur Goethes »Faust« und Marx »Kapital« wurden häufiger in andere Sprachen übersetzt.[3] Wie ich in meinem strafrechtlichen Buch »Der Fall Max und Moritz« umfassend nachgewiesen habe, ist die Lektüre dieses »Kinderbuchs« allerdings problematisch. Die 1845 erschienenen Streiche bestehen nämlich aus einer ganzen Kette schlimmster Vergehen und Verbrechen, so daß man sich die Frage stellen muß, ob das Machwerk nicht wegen Gewaltverherrlichung schleunigst aus dem Verkehr gezogen werden sollte.[4]

Ein Grund dafür, warum dies noch nicht geschehen ist, liegt wohl darin, daß es sich für die Juristenausbildung im Strafrecht denkbar gut eignet.[5] Darüber hinaus enthalten die unvergeßlichen Verse von Wilhelm Busch auch viele Tatbestände, die zudem zivilrechtlich äußerst interessant sind und perfekt als Anschauungsmaterial für das Recht der unerlaubten Handlung (§§ 823 ff. BGB) dienen können.[6] Die Streiche sind also ein umfassendes Lehrstück für die theoretische Ausbildung zum juristischen Beruf. In Fachkreisen war allerdings bislang kaum bekannt, daß der Fall Max und Moritz auch schon sehr früh offiziell gerichtskundig geworden ist.[7] Im Jahre 1956 wurde ein Hühnerdiebstahl vor dem Landgericht Flensburg verhandelt, bei dem man den ehrwürdigen Wilhelm Busch postum als Entlastungszeugen heranzog. Ein solcher Prozeß darf bei einer Sammlung kurioser Rechtsfälle natürlich nicht fehlen:

In dem Flensburger Fall[8] hatte der Angeschuldigte aus dem Hühnerstall eines Nachbarn zunächst eine Legehuhn und Wochen später zwei weitere Legehühner gestohlen und getötet[9]. Der hungrige Täter verspeiste das erste Tatobjekt sofort, während er die beiden anderen Hühner nur rupfte und in einen Kochtopf legte. An diesem Ort der kulinarischen Vorbereitung wurden sie von der alarmierten Polizei gefunden. Der erboste Nachbar erstattete Anzeige. Als Anklage erhoben wurde, zog er sie jedoch wieder zurück. Das Schöffengericht nahm dies zum Anlaß, das Hauptverfahren gegen den Täter nicht zu eröffnen[10] – es liege nämlich nur einfacher Mundraub vor[11]. Da der für eine Bestrafung dieses Delikts notwendige Strafantrag fehle, könne die Tat nicht verfolgt werden. Die Staatsanwaltschaft ging mit einer äußerst spitzfindigen Begründung in die Beschwerde:

»Ein Legehuhn ist seiner Zweckbestimmung nach kein Nahrungsmittel, sondern dient zur Erzeugung von Nahrungsmitteln, nämlich Eiern. Also ist die Straftat kein Mundraub, sondern Einbruchdiebstahl.« Außerdem komme das Privileg des Mundraubparagraphen nach dem Gesetzestext nur zum Tragen, wenn die gestohlenen Sachen zum »alsbaldigen Verzehr« bestimmt seien. Zwei Hühner seien mehr als eine Mahlzeit für ein Ehepaar, so daß der Täter Vorratshaltung betrieben habe und Mundraub deshalb ausscheide. Da der Einbruchdiebstahl wiederum keinen Strafantrag voraussetze, müsse der Täter seiner gerechten Bestrafung zugeführt werden. Das LG Flensburg wies diese Einwände mit bewundernswerter juristischer und literarischer Sachkenntnis zurück:[12]

»Demgegenüber vertritt die Beschwerde den Standpunkt, daß ein Legehuhn seiner Zweckbestimmung nach selbst kein Nahrungsmittel sei, sondern der Erzeugung von Nahrungsmitteln, nämlich Eiern, diene, daß zum mindesten zwei Hühner nicht Gegenstände in geringer Menge und von unbedeutendem Wert seien und auch nicht zum alsbaldigen Verbrauch, sondern zur Vorratsbildung entwendet seien, da zwei Hühner mehr als eine Mahlzeit für ein Ehepaar seien. Schließlich, so meint die Beschwerde, sei das Hauptverfahren schon wegen Sachbeschädigung zu eröffnen, weil auch insoweit Strafantrag nach § 303 III StGB gestellt, aber nicht rücknehmbar sei.

Nahrungsmittel sind zur Ernährung der Menschen dienende Sachen (RG 47, 247). Im Zweifel entscheidet die Verkehrssitte über die Frage, ob es sich um Lebensmittel handelt

(Schwarz, StGB § 370 Ziff. 5 Anm. 5 C). Nach der Verkehrssitte hat jedes Huhn gleichzeitig mehrere Verwendungszwecke. Hühner werden gehalten – wie der geniale Beobachter des Volkslebens, Wilhelm Busch, es formuliert –, »*einesteils* der Eier wegen, welche diese Vögel legen, *zweitens*, weil man dann und wann einen Braten essen kann, *drittens* aber nimmt man auch ihre Federn zum Gebrauch«.

Seit mehr als tausend Jahren werden auf der ganzen bewohnten Erde Hühner für alle drei Zwecke zugleich gehalten und allgemein als Volksnahrungsmittel angesehen, wobei allerdings die Verwendung für den ersten Zweck, für das Eierlegen, nur möglich ist, solange die Verwendung für die weiteren Zwecke noch nicht erfolgt ist. Man kann daraus aber nicht umgekehrt schließen, daß ihre Verwendung für diese weiteren Zwecke erst dann in Betracht komme, wenn sie für den ersten Zweck ausgedient hätten und wegen Alters dafür nicht mehr verwandt werden könnten. Wenn König Heinrich IV. von Frankreich, Heinrich von Navarra, der »gute König«, wie in allen französischen und deutschen Schulbüchern zu lesen ist, um 1600 zum Herzog von Savoyen gesagt hat: »Ich wünsche, daß sonntags jeder Bauer sein Huhn im Topf hat«, so hat er dabei sicher nicht nur an ein altes Suppenhuhn gedacht. Auch bei den Brathändl auf der Oktoberwies'n, beim Hamburger Küken, beim üblichen Kükenbraten, der Hühnersuppe sonntags, bei Beerdigungen, bei »Besuch« und anderen festlichen Gelegenheiten auf dem Lande werden keineswegs nur die alten abgängigen Hühner oder nur Hähne gegessen. Werden Hühner jeden Alters in der Volksanschauung zwar allgemein als Nahrungsmittel angesehen, so verbraucht man andererseits, solange die Hühner nicht diesem Zweck zugeführt sind, selbstverständlich auch die anfallenden Eier. Deshalb sind alle weiblichen Hühner zunächst auch Legehühner. Selbst wenn sie im Einzelfall hauptsächlich zur Eiergewinnung gehalten werden, liegt darin deshalb keine die rechtliche Natur der Sache abändernde Zweckbestimmung durch den Eigentümer, wie sie evtl. bei der Haltung von Rassehühnern ausschließlich zu Zuchtzwecken in Betracht kommen könnte. Die Sachlage ist hier anders als im Fall des Bauholzes (RG 55, 205), bei dem *aus seiner Beschaffenheit erkennbar ist, daß es nicht Gegenstand des hauswirtschaftlichen Verbrauchs ist*, sondern einem anderen Zweck dienen soll, während ein Legehuhn nicht anders aussieht als andere Hühner. Die Eigenschaft als Nahrungsmittel kann daher bei Legehühnern nicht verneint werden.

Bei 1–2 Hühnern handelt es sich auch um Nahrungsmittel sowohl von geringerer Menge als auch von unbedeutendem Wert, da er nicht annähernd die durchschnittliche wöchentliche Arbeitslosenunterstützung erreicht (vgl. BGH MDR 1952, 147).

Die Hühner sind auch zum alsbaldigen Verbrauch entwendet, wie sich daraus ergibt, daß der Angeschuldigte sie in beiden Fällen sofort gerupft, im ersten Falle das Huhn am nächsten Tag allein aufgegessen hat und auch im zweiten Fall der Verzehr durch ihn und seine Frau von ihm offenbar für den nächsten Tag vorgesehen war. Die Ansicht der Beschwerde, daß der Angeschuldigte mit seiner Frau zusammen zu einer Mahlzeit nicht mehr als ein Huhn verzehren *konnte*, das zweite Huhn daher der Vorratsbildung diene, wird von der Kammer nicht geteilt. Wohl fast jeder weiß seit seiner Kindheit, daß Wilhelm Busch den beiden Buben Max und Moritz zutraut, zu zweit drei Hühner und einen Hahn zu einer Mahlzeit aufzuessen…

In der Tat kommt es nicht darauf an, ob die entwendeten Nahrungsmittelstücke bei der nächsten Mahlzeit ganz aufgegessen werden oder worden wären, sondern allein darauf, ob die Absicht dahin ging, die Lebensmittel alsbald zu verbrauchen, oder dahin, einen Vorrat anzusammeln. Für letzteres liegt kein Anhaltspunkt vor. Zugunsten des Angeschuldigten muß daher davon ausgegangen werden, daß die Hühner alsbald verzehrt werden sollten. Infolgedessen kommt nicht Einbruchdiebstahl, sondern nur Mundraub in Betracht. Insoweit scheitert die Strafverfolgung aber daran, daß der Geschädigte seinen Strafantrag zulässig gemäß § 370 II StGB zurückgenommen hat.«

Wilhelm Busch als Mundraubkommentator! Nur den Laien kann dies überraschen. Denn sein gesamtes Werk ist von zahlreichen juristischen Tatbeständen durchsetzt und weist Elemente der Rechtssprache auf.[13] Sein Glaube an den Rechtsstaat und die Gerechtigkeit bringt ihm deshalb gerade seitens der Juristen viel Sympathie ein. Wie heißt es noch am Ende bei Max und Moritz:

»Gott sei Dank! Nun ist's vorbei
Mit der Übeltäterei!!«

Ein besseres Resümee gibt es wohl kaum für rechtsbewußte Menschen.

---

1 Zitiert aus: OLG Köln, Urt. vom 19.05.1950, Ss 21/50, NJW 1950, 959

2 Vgl. Günther, Jörg-M.: Der Fall Max und Moritz, Frankfurt 1988; ders.: Der Fall Struwwelpeter, Frankfurt 1989; ders.: Der Fall Rotkäppchen, Frankfurt 1990; Radbruch, Gustav: Das Strafrecht der Zauberflöte, München 1948; Pidde, Ernst v.: Der Ring des Nibelungen im Lichte des deutschen Strafrechts, Hamburg 1982; Weber, Hermann: Der Sonnenwirt – der klassische Roman eines klassischen Kriminalfalls, NJW 1982, S. 619 ff.; Middendorf, Wolf: Maria Stuart. Historisch-kriminologische Bemerkungen, MDR 1971, S. 366 ff.; Seider, Rainer: Neue juristische Aspekte in Richard Wagners »Ring des Nibelungen«, MDR 1993, S. 1171 ff.; ders.: Juristische Betrachtungen zu Richard Wagners »Lohengrin«, MDR 1991, S. 1127 ff.; Kirschbaum, Klaus: Die »verkaufte« Braut – Hintergründiges zur Auslobung in den Meistersingern, MDR 1992, S. 1118 ff.; Everding, August: Theater und Justiz, NJW 1984, S. 1987 ff.

3 Vgl. Görlach, Manfred: »Üb' Ersetzen« – zu neuen Sammlungen mit Übersetzungen des Max und Moritz, in: Wilhelm-Busch-Jahrbuch 1985, S. 75, Anm. 2.

4 Vgl. Günther, Jörg-M.: Der Fall Max und Moritz, S. 106.

5 Vgl. dazu mit vielen weiteren Nachweisen: Günther, Jörg-M.: Der Fall Max und Moritz; Jahn: NJW 1989, 378; Martinek: JuS 1989, S. XXIII; Nordemann: ZUM 1989, S. 152.

6 Vgl. Müssig, Peter: Rechtsgutverletzungen und ihre Folgen im Recht der unerlaubten Handlung – Max und Moritz im Spiegel des Deliktrechts, in: Der Verwaltungswirt 1987, S. 25–31 und 1988, S. 25–32.

7 Der von mir sehr geschätzte Rechtsanwalt Dr. Otto Gritschneder aus München hat vor 40 Jahren in der Tagespresse über den Fall berichtet.

8 LG Flensburg, Urt. v. 1.4.1956, 12 Qs 40/56, MDR 1956, 374.

9 Hoffentlich erfolgte die Tötung der Hühner wenigstens »artgerecht« – vgl. dazu und zu weiteren Rechtsfragen rund um das Huhn: LG Köln, Natur und Recht, 1991, 42.

10 Vgl. dazu § 203 StPO:
»Das Gericht beschließt die Eröffnung des Hauptverfahrens, wenn nach den Erkenntnissen des vorbereitenden Verfahrens der Angeschuldigte einer Straftat hinreichend verdächtig erscheint.«

11 Rechtshistorisch sei angemerkt, daß durch das Einführungsgesetz zum Strafgesetzbuch der alte Mundraubparagraph durch den § 248 a StGB (Diebstahl und Unterschlagung geringwertiger Sachen) ersetzt wurde. Auch nach heutiger Gesetzeslage ist bei solchen Bagatelldelikten ein Strafantrag erforderlich, es sei denn, »daß die Strafverfolgungsbehörde wegen des besonderen öffentlichen Interesses an der Strafverfolgung ein Einschreiten von Amts wegen für geboten hält«; vgl. dazu im einzelnen: Günther, Jörg-M.: Der Fall Max und Moritz, S. 32.

12 MDR 1956, 374.

13 Vgl. dazu im einzelnen Günther, Jörg-M.: Der Fall Max und Moritz, S. 6 ff.

III. Prozesse um Peanuts

1. Das richterliche Dienstzimmer

Ich habe eine Amtsstube,
also bin ich.

BEAMTENPHILOSOPHIE

Richter haben ein Dienstzimmer[1]. Dies ist meist ein sehr funktional – man kann auch ehrlicher sagen »kärglich« – eingerichteter Raum (anders natürlich bei den Obergerichten und Bundesgerichten), in dem sich die Rechtschaffenden durch Aktenberge wühlen, Beschlüsse fassen, Kaffee trinken und Urteile schreiben. Das richterliche Refugium, in dem sie bei ihrem Tagewerk mit Justitia auf Du und Du stehen, ist allerdings zuweilen durch störende Rechtsuchende ernsthaft in seiner Funktionalität gefährdet. Gemeint sind hier nicht die sich bedenklich häufenden Fälle, bei denen amoklaufende Prozeßbeteiligte sich an Richtern wegen angeblicher Fehlurteile rächen, sondern Alltagssituationen im Gericht. Wie ein Fall aus der Stadt Bad Segeberg, die sonst nur durch die Karl-May-Festspiele bekannt ist[2], zeigt, weiß die Justiz aber ihre Richter vor normalen Störungen des richterlichen Dienstbetriebs mit Paragraphen zu schützen.[3] Gelernt ist eben gelernt!

Was war in den heiligen Hallen der Justiz geschehen? Ein Scheidungsrichter R des Amtsgerichts Bad Segeberg hatte für 12 Uhr in seinem Dienstzimmer 110 einen Termin für die Verkündung mehrerer Entscheidungen angesetzt. Der von einer Sache persönlich betroffene A konnte es offenbar nicht abwarten und ging fünf Minuten vor dem offiziellen Verkündungstermin in den Raum. Angeklopft hatte er zuvor aber nicht. Der Richter R, an Pünktlichkeit gewöhnt, verwies ihn sofort des Dienstzimmers mit der Bitte, auf dem Flur zu warten. Punkt 12 Uhr – High Noon im Amtsgericht Bad Segeberg – begab sich R in den Flur und rief die anstehenden Rechtsfälle auf. A durfte jetzt offiziell in das Dienstzimmer. Noch vor der Entscheidungsverkündung hielt Richter R besagtem A sein schlechtes Benehmen vor, weil er beim ersten Betreten des Dienstzimmers 110 einfach ohne vorheriges Anklopfen hereingekommen sei. A zeigte sich über die Vorhaltung äußerst entrüstet. Er wies darauf hin, daß man nach seinem Demokratieverständnis an Türen von Amtsräumen während der Dienstzeit niemals anzuklopfen brauche, wenn man in das Zimmer wolle.[4] R äußerste daraufhin, daß es ihm egal sei, an welchen anderen Zimmern A unhöflicherweise nicht klopfe; an seinem Dienstzimmer 110 im Amtsgericht Bad Segeberg habe er bitteschön anzuklopfen. A wollte dies nicht auf sich sitzen lassen und machte – ohne Erfolg – Eingaben an alle erdenklichen öffentlichen Stellen (Direktor des AG Bad Segeberg, Präsident des LG Kiel, Juristische Fakultät der Universität Kiel, Justizausschuß des Landtags). Zu guter Letzt verklagte A den auf Einhaltung der Etikette bedachten Richter wegen dessen Amtsstubenmentalität und Höflichkeitsvorstellungen. Als Diener des Volkes habe der Richter schließlich stets für ihn als Bürger da zu sein, was wiederum nicht mit der besagten Amtsstubenmentalität vereinbar sei. Das Betreten der Diensträume während der Dienstzeit dürfe folglich nicht vom Anklopfen abhängig gemacht werden, zumal es zu einer bedenklichen Unterwürfigkeitshaltung erziehe. Der »Anklopf-Befehl« – so der Klageantrag – bezüglich der Amtstür 110 des beklagten Richters R sei rechtswidrig und deshalb zurückzunehmen. Ansonsten müsse er, der Kläger, künftig schlimme Rechtsnachteile befürchten, wenn er in Wahrnehmung seiner Gewohnheiten und Vorstellungen weiterhin in jedes Dienstzimmer des Amtsgerichts ohne Anklopfen eintrete. Im übrigen sei es empfehlenswert, den ganzen Vorfall einmal grundsätzlich juristisch zu klären.

Nachdem die Klage in erster Instanz abgewiesen worden war[5], kam der »Zusammenprall von Bürgerstolz und Amtsgewalt«[6] bis vor das Oberverwaltungsgericht Schleswig. Im folgenden Urteil kam das Gericht zu der Erkenntnis, daß die Höflichkeitsregeln des Juristen Adolf Freiherr von Knigge schlichtweg nicht justitiabel seien. Die Klage gegen den Richterkollegen wurde deshalb – wie unhöflich – knochentrocken abgewiesen:[7]

»Schon der Klageantrag zu 1 ist unzulässig. Wie das *VG* zutreffend ausgeführt hat, handelt es sich bei der Aufforderung des Beklagten (Bekl.), künftig sein Dienstzimmer nur nach Anklopfen zu betreten, nicht um einen Verwaltungsakt, sondern um einen bloßen Realakt. Die Anklopfaufforderung zielte nicht auf einen rechtlichen, sondern auf einen tatsächlichen Erfolg ab. Maßgeblich ist also die allgemeine Leistungsklage. Auch diese setzt analog § 42 II VwGO eine Klagebefugnis des Klägers (Kl.) voraus, d. h. es muß möglich sein, daß er in einem subjektiv-öffentlichen Recht verletzt ist. Diese Möglichkeit besteht nach Auffassung des *Senats* nicht. Ein Bürger hat kein subjektiv-öffentliches Recht darauf, daß die Auffassung eines Richters in Höflichkeitsfragen (hier: Anklopfen vor Eintreten in ein Dienstzimmer) gerichtlich überprüft wird. Bei Fragen dieser Art handelt es sich um Gebote der Höflichkeit, über die es gesellschaftliche Anschauungen, aber keine rechtlichen Regelungen gibt. Eine solche kann auch nicht Art. 2 I GG entnommen werden, da die unterschiedliche Auffassung in einer Höflichkeitsfrage eben keine Rechtsbeeinträchtigung des Kl. enthält. Dabei liegt zwar auf der Hand, daß – in anderen Fallkonstellationen – gesellschaftliche Zwänge erheblichen Einfluß auf die Handlungsfreiheit haben könnten: justitiabel werden sie dennoch nicht.
Ergänzend sei darauf hingewiesen, daß der Bekl., wie sich auf Befragen in der mündlichen Verhandlung herausgestellt hat, dem Kl. keinen Befehl erteilte, sondern lediglich eine Aufforderung aussprach, künftig vor Betreten seines Dienstzimmers anzuklopfen. Irgendwelche Nachteile für den Fall der Nichtbefolgung dieser Aufforderung wurden dem Kl. nach seinem eigenen Vortrag nicht angedroht.«

Es muß eine Woge der Erleichterung durch die deutsche Richterschaft gegangen sein! Man stelle sich nur vor, das Gericht hätte in der Grundsatzentscheidung –

nennen wir sie Knigge I – zu Lasten des Bad Segeberger Kollegen entschieden. Eine allgemeine Verpflichtung aller Richter und Richterinnen, in Dienststuben jedermann »während der Dienstzeit« ohne Anzuklopfen eintreten zu lassen, wäre voraussichtlich aus dem Urteil abgeleitet worden. Die Folgen für den Gerichtsbetrieb mag man sich gar nicht ausmalen. Da es für Richter keine Dienstzeit gibt, wären sie für unangemeldete Rechtsuchende rund um die Uhr Freiwild geworden. Daneben hatte schon das erstinstanzliche Gericht zu Recht auf Datenschutzgründe hingewiesen. Ein Richter benötigt das Anklopfritual nämlich unter anderem auch dafür, in der dadurch gewonnenen Zeit geheimzuhaltende Akten zu schließen bzw. zu verbergen, damit Besucher beispielsweise die Namen auf den Aktendeckeln nicht identifizieren können. Außerdem muß auch ein Richter mal ungestört eine kurze Kaffeepause einlegen können, der Job ist schwer genug.[8] Man nennt dies in einer alten Redensart übrigens »über den Dienst nachdenken«.[9]

Angesichts der Hartnäckigkeit, mit welcher der Kläger sein Begehren verfolgte, ist es übrigens verwunderlich, daß er in seiner Sache nicht alle deutschen Richter von vornherein wegen Befangenheit ablehnte und die Sache gleich vor den *Europäischen Gerichtshof* brachte. Reste von Höflichkeit und Respekt gegenüber unserer Justiz oder Unkenntnis von der europäischen Dimension seines Rechtsproblems? Wir wissen es nicht. Was wir aber nach dem Prozeß wissen, ist, daß deutsche Richter getrost weiterhin im rechtsfreien Raum ihren Höflichkeitsvorstellungen huldigen dürfen. Es lebe Freiherr von Knigge! Dieser hat übrigens in seinem berühmten Buch »Vom Umgang mit Menschen« eine interessante Empfehlung gegeben:

»Man weiche auf alle mögliche Weise jedem Prozeß aus und vergleiche sich lieber, auch bei der sichersten Überzeugung vom Recht.«[10]

Knigge hat den Vorsatz allerdings bezeichnenderweise selbst nicht durchgehalten, da er zumindest gegen den Leibarzt von Friedrich dem Großen einen Prozeß führte.[11] Es liegt eben oft näher zu klagen als sich zu vertragen!

2. Der Streit um Pfennige

Rechtsbewußtsein, Rechtstreue und Rechtsfrieden
hängen nicht unwesentlich davon ab,
daß Fälle mit niedrigen Streitwerten
von einem unparteiischen Richter mit einem
zum Streitwert angemessenen Kostenrisiko
entschieden werden.

FRANZEN / APEL

Wer sich im Recht fühlt, will es gerne offiziell vom Gericht bestätigt haben.[12] Durch Rechtsschutzversicherungen und deutsche Streitlust – es geht ja oft nur »ums Prinzip« – rollt eine Prozeßlawine nach der anderen auf die Gerichte zu und erhöht die ohnehin enorme Staatsverschuldung. Die Mehrzahl der Prozesse ist dabei für den Rechtsfrieden und das Rechtsbewußtsein sicher wichtig und notwendig, so daß wir uns als Gesellschaft die »Ressource Rechtsgewährung«[13] in größerem Umfang finanziell einfach leisten müssen. Man kann und darf die Justiz eben nicht nur mit den Maßstäben kaufmännischer Rentabilität messen.[14] Gerechtigkeit hat ihren Preis! Zuweilen ist der Preis aber viel zu hoch. In der Vergangenheit durften selbst Klagen um 20 Pfennig (sic!) Paketgebühr durch zwei Gerichtsinstanzen geführt werden, ohne daß die Akten wegen Geringfügigkeit oder schikanöser Inanspruchnahme der Justiz geschlossen wurden.[15] Gilt denn bei Justitia nicht der alte römische Grundsatz »Minima non curat praetor«[16] (Um Kleinigkeiten kümmert sich der Praetor nicht)? Anstelle einer Antwort sei auf ein Urteil des Amtsgerichts Stuttgart aus dem Jahre 1989 verwiesen, das solchen Prozessen um Peanuts einen Riegel vorschiebt.[17]

Ausgangspunkt des Rechtsstreits war eine banale Reparaturrechnung über 223,30 DM, die der Beklagte – aus welchen Gründen auch immer – nicht beglichen hatte. Nach erfolgter Mahnung[18] hatte der Kläger die Nase voll und übergab die Sache seinem Anwalt. Natürlich erhöhte dies die Kosten, denn es ist bekanntermaßen leichter ohne Messer eine Auster zu öffnen, als den Mund eines Anwalts ohne Honorar.[19] Die Kosten des Rechtsvertreters beliefen sich auf genau 72,11 DM. Als der nunmehr fällige Gesamtbetrag von 294,41 DM (Reparaturkosten plus Anwaltskosten) vom Anwalt geltend gemacht wurde, zahlte der Beklagte nicht mehr und nicht weniger als exakt 294 DM. Sage und schreibe 41 Pfennige der Anwaltsrechnung blieben offen.

Das ließ dem Kläger keine Ruhe. Er machte genau diese Restsumme vor dem Amtsgericht Stuttgart gerichtshängig. Dem Beklagten war der Pfennig-Prozeß aus verständlichen Gründen ziemlich egal; er erschien demonstrativ nicht zur mündlichen Verhandlung. Der siegesgewisse Kläger verlor aber trotzdem seinen Prozeß. Das Amtsgericht wollte sich – und das zu Recht – einfach nicht mit der Kleinigkeit von 41 Pfennigen befassen. Die Klage wurde wegen des mangelnden Rechtsschutzbedürfnisses abgewiesen:[20]

»Die Klage ist nicht zulässig, da es an einem Rechtsschutzbedürfnis für den Kl. fehlt. Das beantragte Versäumnisurteil war daher nicht zu erlassen und die Klage war abzuweisen.

Richtig ist, daß dem Kl. an sich ein restlicher Schadensersatzanspruch in Höhe von 41 Pfennigen zusteht, da der Bekl. die durch die anwaltliche Mahnung entstandenen Kosten, die nicht zu beanstanden sind, nicht voll ausgeglichen hat. Voraussetzung für eine Klage bei Gericht ist jedoch auch, daß ein Rechtsschutzbedürfnis vorliegt. Der Zivilprozeß gewährt nämlich dem einzelnen Schutz nur im Rahmen der Gemeinschaft, so daß niemand die Gerichte unnütz oder gar unlauter bemühen darf (*Baumbach-Lauterbach-Albers-Hartmann*, ZPO, Grundzüge § 253 Nr. 5). Das mit der Prozeßhandlung verfolgte Ziel muß schutzwürdig sein, wobei Maßstab für Schutzwürdigkeit ist, die Bewährung des Rechts und die Wahrung des Rechtsfriedens zu sichern. Nicht schutzwürdig ist ein Interesse, das nach allgemeiner Anschauung als so gering anzusehen ist, daß es nicht die Inanspruchnahme der staatlichen Rechtsschutzeinrichtungen, nämlich der Gerichte, rechtfertigt (*Schönke,* Das Rechtsschutzbedürfnis, in: Prozeßrechtliche Abhandlungen, Heft 17).

Das Gericht ist der Meinung, daß es sich bei einem Betrag von 41 Pfennigen um einen wirtschaftlich so geringen Wert handelt, daß es nicht gerechtfertigt erscheint, die Gerichte anzurufen. Das Rechtswesen ist für die Gemeinschaft ein kostbares und zugleich sehr kostspieliges Gut. Hierbei muß man sich zu Bewußtsein bringen, daß nach betriebswirtschaftlichen Untersuchungen ein streitiger Prozeß beim AG den Steuerzahler 1050 DM kostet, ein solcher Prozeß beim LG 2780 DM und beim OLG 4780 DM (*Franzen-Apel*, NJW 1988, 1059). Wenn man diese Kosten vor Augen hat, erscheint es gerechtfertigt, daß eine Partei eher auf 41 Pfennige verzichtet, als daß sie die Gerichte in Anspruch nimmt. 41 Pfennige sind heutzutage nicht einmal ein halbes Briefporto für einen gewöhnlichen Brief. Daß, wenn der Bekl. obsiegt hätte, der Bekl. nicht nur die 41 Pfennige, sondern auch gegnerische Rechtsanwaltskosten und Gerichtskosten in Höhe von insgesamt ca. 100 DM zu zahlen gehabt hätte, sei nur nebenbei bemerkt.

Das Gericht ist der Meinung, daß durch solch eine Entscheidung auch nicht die Bewährung des Rechts verloren geht, auch wenn hier Stimmen aus der Literatur anderer Meinung sind. Bei Forderungsprozessen im Zivilrecht zeigt sich die Bewährung des Rechts in der rechtlichen Behandlung von wirtschaftlichen Interessen der einzelnen Prozeßparteien. Bei 41 Pfennigen geht es dem Kl. aber ersichtlich nicht mehr um wirtschaftliche Interessen, sondern um das Prinzip des Rechthabens. Dies allein ist jedoch nicht schutzwürdig […].«

Dem überzeugenden Urteil braucht eigentlich nichts hinzugefügt werden, außer vielleicht der Hinweis, daß sich erst unlängst das Bundesverfassungsgericht mit einer Zahlungsklage über immerhin 7 DM zuzüglich 4% Zinsen auf 10,60 DM zu befassen hatte.[21] Das höchste Gericht reagierte allerdings ziemlich ungehalten und sprach von einem »Mißbrauch des Verfassungsbeschwerderechts«. Ein Verfahren um eine lächerliche Summe von 7 DM war unter der Würde des Gerichts, band Arbeitskraft und blockierte andere wichtige Verfahren. Konsequenz nach § 34 Abs. 4 BVerfGG: Der Beschwerdeführerin wurde eine Mißbrauchsgebühr in Höhe von 1000 DM auferlegt. Solche Möglichkeiten des Abstrafens haben einfache Amtsgerichte leider nicht – dafür sind sie aber auch nicht mit bundesverfassungsgerichtlicher Vornehmheit belastet. Amtsgerichte können viel eher »die Dinge beim Namen nennen«.[22] Musterbeispiel ist ein Urteil des Amtsgerichts Oldenburg, dessen warnendes Resümee vor dem Eingang aller deutschen Zivilgerichte auf einem großen Schild stehen sollte:[23]

»Und die Moral von der Geschicht':
Um Kleinigkeiten streit' man nicht,
Zieh' jedenfalls nicht vor Gericht.
Sonst kann Gerechtigkeit auf Erden
Ganz unerfreulich teuer werden!«

---

[1] Vgl. zur soziologischen Seite von Amtsstuben: Henkel, Martin/Traubert, Rolf: Die dionysische Amtsstube oder Schmoozing als Lehrfach, VR 1986, S. 217 ff.; Heinrich, Peter/Bosetzky, Horst: Kritische Anmerkungen zu den Anmerkungen unserer Kritiker: Wenn Krähen hacken, VR 1986, S. 220.

[2] Vgl. dazu übrigens Roxin, Klaus: Karl May – ein Straffälliger als Dichter, Skripten des Kölner Anwaltvereins, Heft 40, 1990.

[3] OVG Schleswig, Urt. v. 5.3.1992, 3 L 350/91, NJW 1992, 1908.

[4] Vgl. in dem Zusammenhang OVG Koblenz, NJW 1990. 465: »… in der Art und Weise, wie Träger öffentlicher Befugnisse ihre Aufgaben erfüllen, muß für den betroffenen Bürger erfahrbar sein, daß er nicht zu deren bloßem Objekt herabgewürdigt wird. Der Bürger muß die Bereitschaft erkennen können, ihn mit seinem Anliegen ernst zu nehmen und seine Rechte und Pflichten, soweit als möglich, im Konsens zu verwirklichen. Dem widerspricht eine Aufgabenerledigung, die Anliegen betroffener Bürger selbstherrlich abtut und von obrigkeitsstaatlich-technokratischem Auftreten geprägt ist.«

[5] VG Schleswig, Bescheid v. 30.7.1991, 9 A 40/91.

[6] So lautet die Formulierung von Beaumont, Werner: JurBüro 1992, S. 229.

[7] OVG Schleswig, NJW 1992, 1908.

[8] Richter dürfen ja noch nicht einmal in ihren Akten malen, vgl. Steinert, Karl-Friedrich: Die Aktenmalerei – Wider eine verbreitete Unsitte, NJW 1993, S. 1450.

[9] Vgl. Röhrich, Lutz: Lexikon der sprichwörtlichen Redensarten. 3. Aufl., Stichwort »Dienst«.

[10] Vgl. dazu Schackow, Albrecht: Die Kunst, Prozesse zu verhüten, NJW 1967, 1201.

[11] Schackow, a.a.O.

[12] Vgl. dazu Franzen, Hans/Apel, Klaus: Prozeßaufwand bei Gericht und Anwalt, NJW 1988, S. 1059 ff.; Beaumont: Kurioses, JurBüro 1993, S. 665; Lenz, Karl-Friedrich: Der teuerste Prozeßbeteiligte, in: ders.: Das Ungewöhnlichste im Recht, S. 184 ff.

[13] Franzen, Hans/Apel, Werner: NJW 1988, S. 1062.

[14] So richtigerweise Franzen/Apel, a.a.O.

[15] OVG Münster, JZ 1962, 67.

[16] Vgl. auch den gleichnamigen Aufsatz von Bertram, Günter: NJW 1995, S. 1045.

[17] AG Stuttgart, Urt. v. 10.10.1989, 8 C 8155/89, NJW 1990, 1054.

[18] Vgl. auch die schöne Mahnung, die Gegenstand eines gereimten Urteils des LG Stuttgart war: NJW 1982, 651, auch abgedruckt bei Günther, Jörg-M.: BGB in Reimen, S. 131:
»Das Mahnen, Herr, ist eine schwere Kunst!
Sie werden's oft am eigenen Leib verspüren.
Man will das Geld, doch will man auch die Gunst
Des werten Kunden nicht verlieren.
Allein der Stand der Kasse zwingt uns doch,
Ein kurz' Gesuch bei Ihnen einzureichen:
Sie möchten uns, wenn möglich heute noch,
Die unten aufgeführte Schuld begleichen.«

[19] Zitat von Barten Holiday, abgedruckt in Tange, Ernst Günter: Vom Vergnügen, Recht zu haben, S. 8.

[20] AG Stuttgart, NJW 1990, 1054; ergänzend sei noch darauf hingewiesen, daß das AG Stuttgart die Sache wohl anders gesehen hätte, wenn beispielsweise der Beklagte von jeder Rechnung des Klägers einfach generell 41 Pfennige abziehen würde – vgl. AG Stuttgart, NJW 1990, 1054: »Es soll noch bemerkt werden, daß das Gericht die Frage des Rechtsschutzbedürfnisses möglicherweise anders ansehen würde, wenn ein Schuldner nun grundsätzlich von jeder ihn betreffenden Rechnung einen Betrag von 41 Pfennigen abziehen würde.«

[21] BVerfG, Beschl. v. 26.8.1992, 2 BvR 1321/92, NJW 1993, 384; ferner BGHZ 21,319: Streitwert 25 DM – die Entscheidung drehte sich um einen »faktischen Vertrag« durch Benutzung eines Parkplatzes; vgl. dazu auch Lenz, Karl-Friedrich: Geringster Streitwert eines BGH-Prozesses, in: ders.: Das Ungewöhnlichste im Recht, S. 215 ff.

[22] Aus jüngster Zeit AG Rheine, NJW 1995, 894

[23] AG Oldenburg, Urt. vom 16.3.1987, 3 C 44/86, abgedruckt bei Günther, Jörg-M.: BGB in Reimen, S. 132.

IV. Gleiches Recht für Mann und Frau

Haarige Rechtsprobleme beim Militär

... für einen Mann ist es eine Schande,
mit langen Haaren herumzulaufen,
für die Frau ist langes Haar jedoch ein Schmuck,
denn es wurde ihr von der Natur
als Schleier gegeben.

TIBOR DERY

Die individuelle Haartracht ist für die meisten Menschen äußerst wichtig. Spätestens seit dem berühmten Struwwelpeter wissen wir außerdem, daß Frisuren oft auch mit besonderen Rechtsfragen verbunden sind.[1] Wird beispielsweise jemandem das Haar oder der Bart ohne Einwilligung geschnitten, ist dies als Körperverletzung nach § 223 StGB zu werten.[2] Versagt ein Frisör beim vertragsgemäßen Schneiden des Haars oder beim Lockenwickeln, dann kann er haftbar gemacht werden. Dauerbrenner sind schließlich Fälle aus dem Bereich der deutschen Bundeswehr, bei denen einem angesichts der juristischen Kompliziertheit die Haare zu Berge stehen.[3] Gerade diese Urteile überzeugen durch ihre feinsinnigen Argumentationsmuster und dürfen in dieser Sammlung nicht fehlen.

Ein schönes, aktuelles Beispiel für juristische Haarspaltereien bietet die neueste »Haupthaar-Entscheidung« des Bundesverwaltungsgerichts vom 13.4.1994.[4] Sie befaßt sich mit der absolut klärungsbedürftigen Rechtsfrage, ob ein männlicher Sanitätssoldat genauso lange Haare tragen darf wie seine weiblichen Militärkolleginnen im Sanitätsdienst. Ein Sanitätsfeldwebel – nennen wir ihn einfach aus Datenschutzgründen (und wegen der Fallgestaltung) »Zopf« – hatte unter Hinweis auf das Grundgesetz gegen den ihm verordneten Kurzhaarschnitt geklagt. Begründung: Wenn weibliche Soldaten lange Haare tragen dürften, dann müsse der Verteidigungsminister einem Mann das auch erlauben. Mann und Frau seien schließlich vor dem Gesetz gleichberechtigt.

Weit gefehlt – das Bundesverwaltungsgericht verteidigte mit Vehemenz den männlichen Kurzhaarschnitt in der Bundeswehr:[5]

»Der Antragsteller (Ast.) wendet sich mit dem Antrag dagegen, daß nach der Regelung in der Nr. 503 ZDv 10/5 (Innendienstordnung für die Bundeswehr) auf ihn als männlichen Sanitätssoldaten nicht die Haartrachtbestimmungen für weibliche Soldaten, sondern diejenigen für alle anderen männlichen Soldaten angewandt werden. Er beruft sich dazu auf Art. 3 GG, wonach Männer und Frauen gleichberechtigt sind.

Dieser Rechtsgrundsatz hat indessen nicht die vom Ast. beanspruchte Rechtsfolge.

Nach der Nr. 503 ZDv 10/5 besteht ein Unterschied in der Regelung der Haartracht zwischen männlichen und weiblichen Soldaten. Während danach das Haar männlicher Soldaten am Kopf anliegen oder so kurz sein muß, daß dadurch der vorschriftsmäßige Sitz der militärischen Kopfbedeckung nicht behindert wird und außerdem das Haar so kurz zu tragen ist, daß Augen und Ohren nicht bedeckt und weder Uniform- noch Hemdkragen bei aufrechter Haltung berührt werden, besteht bei der Haartracht weiblicher Soldaten lediglich die Einschränkung, daß diese den vorschriftsmäßigen Sitz der militärischen Kopfbedeckung nicht behindern darf.

Einschränkungen bei der Haar- und Barttracht männlicher Soldaten aller Laufbahnen hat der *Senat* wiederholt für rechtlich zulässig erachtet. […]

Der *Senat* hält an seiner Rechtsauffassung fest, daß es allgemein rechtlich zulässig ist, Soldaten Einschränkungen bei der Haartracht, wie sie die Nr. 503 ZDv 10/5 vorsieht, aufzuerlegen.

Der Antrag richtet sich im übrigen nicht dagegen, daß es für die männlichen Soldaten der Bundeswehr allgemein solche Einschränkungen gibt. Auch beansprucht der Ast. eine Ausnahme von der allgemeinen Haartrachtregelung für männliche Soldaten nicht auf Grund von Art. 1 oder 2 GG. Der Antrag zielt im Gegenteil ausdrücklich darauf ab, die für weibliche Soldaten in der Laufbahn des Sanitätsdienstes bestehenden großzügigeren Haartrachtregelungen auch auf die männlichen Soldaten derselben Laufbahn zu erstrecken.

Der Ast. rügt somit, daß der Bundesminister der Verteidigung (BMV) für männliche Soldaten des Sanitätsdienstes keine der Regelung für weibliche Sanitätssoldaten entsprechende, von der allgemeinen Haartrachtregelung für männliche Soldaten der Bundeswehr abweichende Haartrachtbestimmung erlassen hat, sondern insoweit untätig geblieben ist. Die Haartrachtregelung für Frauen in der Bundeswehr stellt sich als spezielle Regelung für einen besonderen Personenkreis im Verhältnis zu den allgemeinen Haartrachtbestimmungen für Soldaten dar. Das folgt aus ihrer Entstehungsgeschichte und dem außerordentlich geringen Frauenanteil im Personalbestand der Streitkräfte. […]

Bei der Überprüfung, ob es im Sinne des Gleichheitssatzes, orientiert am Gerechtigkeitsgedanken, schlechterdings unvertretbar war, die Gruppe des Ast. der Gruppe der aus seiner Sicht Begünstigten nicht gleichzustellen, ist entscheidend auf die Motive und die Zielsetzung des Regelungsgebers abzustellen (Rechtssprechungs- und Literaturnachweise). Der BMV hat die Regelung, deren Erstreckung auf sich selbst der Ast. beansprucht, deshalb geschaffen, weil er der Auffassung war und ist, daß Frauen das Tragen langer Haare als besonderen Ausdruck von Weiblichkeit empfänden, d. h. der Gestaltung ihres äußeren Erscheinungsbildes einschließlich der Möglichkeit, die Haare ohne Rücksicht auf Schwankungen der jeweiligen Mode mehr oder weniger lang zu tragen, allgemein und regelmäßig weit größere, grundlegende Bedeutung beimessen.

War aber dieser geschlechtsbezogene vermeintliche oder wirkliche Unterschied zwischen Mann und Frau das Motiv des BMV für die Regelung, so kann sich der Ast. in diesem Zusammenhang schon deshalb nicht auf den Gleichheitssatz berufen, weil er männlichen Geschlechts ist. Die Sach- und Rechtslage ist insoweit nicht anders als bei der besonderen Dienstkleidung der weiblichen Soldaten. Es liegt auf der Hand, daß männliche Soldaten nicht unter Berufung auf den Gleichheitssatz beanspruchen können, alle ausdrücklich für Soldatinnen vorgesehenen Bekleidungsstücke als Dienstkleidung tragen zu dürfen.«

Feldwebel Zopf wird sich gerade beim letzten Satz verwundert die Augen gerieben haben. Wollte das Bundesverwaltungsgericht etwa andeuten, daß ihm das Tragen langer Haare nur bei gleichzeitigem Tragen von weiblicher Militärdienstkleidung erlaubt werden könnte? Sozusagen Zug um Zug? Es lebe der kleine juristische Unterschied![6]

[1] Vgl. dazu Günther, Jörg-M.: Der Fall Struwwelpeter, Frankfurt 1989, S. 15 ff.: Struwwelpeters Eltern sind aufgrund der Unterlassung ordnungsgemäßer Haarpflege nach § 170 d StGB wegen Verletzung der Fürsorge- und Erziehungspflicht zu bestrafen.

[2] BGH, NJW 1953, 1440; and. RGSt. 29,58; siehe auch Schwarze: Zopfabschneiden ist Körperverletzung, Allgemeine Gerichtszeitung für das Königreich Sachsen, Band 16, S. 247.

[3] BVerwGE 46 1; BVerwG, NZWehrR 1992. 72.

[4] BVerwG, NJW 1994, 2632.

[5] BVerwG, NJW 1994, 2632.

[6] Vgl. dazu auch Günther, Jörg-M.: BGB in Reimen, § 611 a, BGB.

V. Angriffe auf die Ehre

1. Das Goethe-Zitat

*Die Beleidigungen werden nur durch
die bösen Absichten dessen, der beleidiget,
und durch die Empfindlichkeit dessen,
der beleidiget wird, zu Beleidigungen.*

GOTTHOLD EPHRAIM LESSING

Beleidigungsdelikte spielen im Leben wie in der Rechtsprechung seit uralten Zeiten eine bedeutende Rolle. Früher kam man bei Ehrverletzungen an den Pranger, heute wird die Sache oft mit Geldstrafen geregelt[1]. Am besten wären natürlich Entschuldigungen, aber jeder weiß, wie schwer es ist, über den eigenen Schatten zu springen.[2] Oft waren die Ausdrücke, die im hitzigen Streit gefallen sind, einfach auch zu derb, ungehobelt und verletzend, um nach Abkühlung wieder aufeinander zugehen zu können. Manche Beleidiger sind allerdings rührend bemüht, eine Schmähung des Gegners auf möglichst stilvolle, ja geradezu elegante Weise zu vollziehen. Dies erhöht den eigenen Genuß, erniedrigt den gekränkten Adressaten und erfreut das unbeteiligte Publikum. Genau so ein Fall wurde 1931 einmal dem Oberlandesgericht Kiel als Revisionsinstanz unterbreitet.[3] Schon wegen des kuriosen Sachverhalts verdient es diese Entscheidung, noch einmal aus dem juristischen Archiv herausgeholt und der Vergessenheit entrissen zu werden:[4]

»Der Angeklagte hatte dem Rechtsanwalt G in H, der seinen Gegner in einem Zivilprozeß als Anwalt vertreten hatte, eine Postkarte folgenden Inhalts gesandt: ›Die mir durch Rechtsanwalt B zugestellte Forderung von 1,60 Reichsmark für Ihren Klienten Th habe ich erhalten. Ich habe jedoch keine Lust auf noch weitere Zahlungen, mag Th. sehen, wie er zu seinem Geld kommt. Im übrigen verweise ich Sie auf Götz von Berlichingen, 3. Akt, Szene Jagsthausen.‹«

Der Anwalt verstand in seiner Berufsblindheit keinen Spaß, aber etwas von Kultur. Er fühlte sich tief beleidigt, weil er in der Formulierung auf der Postkarte einen eindeutigen Hinweis auf die berüchtigten Schlußworte des Götz von Berlichingen sah. Im dritten Aufzug gibt Götz bekanntermaßen dem Trompeter der Kaiserlichen Armee die klassische Antwort:[5] »Sag deinem Hauptmann, vor ihro Kayserlichen Majestät hab ich, wie immer, schuldigen Respeckt. Er aber, sags ihm, er kann mich im Arsch lecken (schmeißt das Fenster zu).«[6]

Die auf das pikante literarische Zitat hinweisende Postkarte landete – garniert mit einem Strafantrag des empörten Rechtsanwalts – bei der Staatsanwaltschaft.

Messieurs, je suis de ceux qui prennent
toujours les choses en face.

Das Strafgericht mußte schließlich über das Attentat auf die Ehre urteilen. Im Prozeß machte der Angeklagte mit Nachdruck geltend, er habe nicht gewußt, was die in seiner Goethe-Ausgabe mit Strichen versehene Schlußstelle der Worte des Götz an den Trompeter bedeuten sollten; er habe vielmehr nur die in der gleichen Szene vorkommende Bemerkung des Götz von Berlichingen zu seiner Schwester im Auge gehabt, die da lautet: »Wir werden uns verteidigen, so gut wir können«.

Eine Beleidigung des Rechtsanwalts könne doch wohl hierin kaum gesehen werden. Damit kam der wahrhaft schlitzohrige Angeklagte aber nicht durch. Sowohl das Amtsgericht als auch das Landgericht glaubten ihm – der sich in der Hauptverhandlung selber als guten Kenner des Götz von Berlichingen bezeichnet hatte – seine »Entschuldigung« beziehungsweise »Erklärung« partout nicht. Wegen öffentlicher Beleidigung wurde der Angeklagte zu 20 Reichsmark, »eventuell 2 Tagen Gefängnis«, verurteilt. Auch seine Revision vor dem Oberlandesgericht Kiel blieb erfolglos:[7]

»Die Revision setzt sich in Widerspruch mit den tatsächlichen Feststellungen der Tatinstanzen, wenn sie nach wie vor ausführt, der Angeklagte habe gar nicht den Rechtsanwalt G., sondern seinen Klienten gemeint, und nach wie vor sich darauf beruft, er habe die andere – oben bereits angeführte – Bemerkung des Götz im Auge gehabt. Mit Recht haben die Vorinstanzen auch öffentliche Beleidigung bejaht. Der Senat nimmt in Übereinstimmung mit dem Reichsgericht an, daß das, was auf einer Postkarte geschrieben ist, schon deshalb, weil es von den mit ihrer Beförderung befaßten Beamten gelesen werden kann, wenn es beleidigend ist, eine öffentliche Beleidigung darstellt. Fraglich kann nur sein, ob hier eine solche gegeben ist, wo der betreffende Satz der Postkarte nicht aus sich selbst heraus verständlich ist, sondern nur für denjenigen, der die angegebene Stelle des Götz von Berlichingen kennt. Der Senat ist jedoch der Meinung, daß diese Stelle ziemlich allgemein bekannt ist und daß deshalb zum mindesten die Möglichkeit besteht, daß von den Postbeamten in H. dieser oder jener die Bedeutung des Zitats erkannt hat. Wenn aber auch nur diese Möglichkeit gegeben ist, dann ist die Beleidigung öffentlich begangen. […]«

Demnach wurde die Revision verworfen, die Kosten des Verfahrens wurden dem Angeklagten auferlegt. War dies richtig und juristisch-literarisch korrekt?

Die Gerichte haben die Postkarte jedenfalls lebensnah ausgelegt. Bei jedem, der die Stelle kennt, wird schon die reine Bezugnahme darauf regelmäßig den Wortlaut des Zitats in Erinnerung bringen, und möglicherweise eine entwürdigende Vorstellung von dem Angegriffenen hervorrufen.[8] Außerdem war die Schutzbehauptung des Angeklagten zwar sehr amüsant, aber letztlich ziemlich schwach. Die andere Stelle, auf die er sein Zitat bezogen wissen wollte, ist nämlich völlig unbekannt, so daß sie für ein Zitat im Grunde gar nicht in Frage kam.[9] Doch mußte man wegen so einer Sache den Angeklagten wirklich verurteilen? War es nicht eher ein Spaß, eine intellektuelle Eulenspiegelei oder Spiegelfechterei?[10] Sei es, wie es ist – hier gilt die uralte Juristenweisheit: Recht ist eben, was die zuständigen Richter entscheiden.[11] Eine abschreckende Wirkung, im Juristendeutsch »Generalprävention« genannt, ist von dem Götz-Urteil jedenfalls nicht ausgegangen. Das inkriminierende Goethe-Zitat feiert heute noch fröhliche Urstände. Erinnert sei beispielsweise an ein gereimtes Berufungsurteil des LG Baden-Baden[12], wo es im Tatbestand heißt: »Nach heftigem Streit äußerte die Angeklagte laut und barsch: Leck mich am A…« Da die Adressatin dies ebenfalls unter demonstrativem Öffnen eines Fensters mit einer Beleidigung erwiderte (»Mein A… nicht stinkt, doch dem wo sein A… riecht nach üblen Düften, der hänge ihn zum Fenster hinaus zum Lüften«, erklärte das Gericht allerdings beide für straffrei.[13] Wie heißt es doch so schön in § 199 StGB:

»Wenn eine Beleidigung auf der Stelle erwidert wird, so kann der Richter beide Beleidiger oder einen derselben für straffrei erklären«.[14] Das Privileg gilt also für Erstbeleidiger[15] und Zweittäter. In unserem Ausgangsfall wäre es deshalb nach heutiger Rechtslage prozeßökonomisch sinnvoll gewesen, wenn Rechtsanwalt G. dem Angeklagten direkt eine beleidigende Antwortpostkarte geschrieben hätte. Doch welchen Inhalts? Mann könnte an einen Hinweis auf Nietzsches Werk »Also sprach Zarathustra«, 3. Teil, Kap. 14 denken:

»Den Reinen ist alles rein – so spricht das Volk. Ich aber sage euch: den Schweinen wird alles Schwein!«

Wenn schon Beleidigungen und Gegenbeleidigungen, dann bitte auf höchstem literarischen Niveau.

2. Die frechen Frustzwerge

So war mein Garten auch in der ganzen Gegend berühmt, und
Jeder Reisende stand und sah durch die roten Staketen
Nach den Bettlern von Stein und nach den farbigen Zwergen.

JOHANN WOLFGANG VON GOETHE[16]

Die kleine Welt der Gartenzwerge oder – im korrekten Amtsdeutsch – »Hartbrandwichtel« ist beschaulich.[17] Die Idylle wird allerdings immer öfter durch heftige juristische Streitigkeiten getrübt.[18] Man kann mit Fug und Recht sagen, daß gerade seit der vor einigen Jahren erlassenen zwergenfeindlichen »Gartenzwergentscheidung« des gestrengen Hamburger Oberlandesgerichts[19] die kleinen Freunde des Gartenliebhabers zunehmend rechtliche Probleme bekommen. Das Hamburger Gericht hatte einen Gartenzwergbesitzer auf Betreiben von Miteigentümern einer Wohnungsanlage verpflichtet, die streitbefangenen zwei Zwerge (Akkordeonspieler und Sänger) aus dem Vorgarten zu entfernen. Daraufhin konnten sich »märchenbewanderte« Leserbriefschreiber partout nicht die Frage verkneifen, ob denn ein Zivilsenat mit *sieben* Richtern besetzt sei.[20] Obwohl sich das gleiche Gericht später in einem etwas anders gelagerten Fall auf die Seite der Gartenzwerge schlug[21], was übrigens in nanophilen Kreisen mit Freude vermerkt wurde[22], muß man sich um den *nanus hortensis* Sorgen machen. Es gibt eindeutige Tendenzen, ihn zu juristischem Freiwild zu machen. Die Literatur spricht zum Teil bereits von der Gefahr des »Untergangs der Gartenzwerge«[23] oder plädiert für einen »Artenschutz für Gartenzwerge«.[24] Was das Verschwinden der Zwerge für unsere Gesellschaft bedeuten würde, zeigt ein Blick auf nackte Zahlen: Von den derzeit auf rund 35 Millionen geschätzten Exemplaren dieser Spezies bevölkert rund die Hälfte die Bundesrepublik Deutschland.[25] Wenn man sich zusätzlich vor Augen führt, daß es nach Meinung der Leitung des Deutschen Gartenzwergmuseums in Rott am See »nichts Deutscheres als einen Gartenzwerg gibt«[26], dann weiß man, worum es geht.

Ein neues »Gartenzwergurteil« verringert nicht gerade die Sorgen um den Bestand der kleinen Gartenbevölkerung. Ausgangspunkt des Rechtsstreits war ein Konflikt unter Nachbarn, der darin gipfelte, daß der Beklagte sogenannte »Frustzwerge« herstellte und in Richtung des Nachbargrundstücks plazierte. Diese streckten die Zunge heraus und machten das »Fuck-you-Zeichen«. Der Nachbar fand die Zwerge beleidigend und klagte auf Entfernung der tönernen Provokation. Das Amtsgericht Grünstadt war mit der verantwortungsvollen Aufgabe betraut, einerseits den Fall gerecht zu entscheiden, andererseits aber die Existenz des Gartenzwergs nicht zu gefährden. Im folgenden Urteil werden nicht nur die Hintergründe der nachbarlichen Auseinandersetzungen anschaulich dargelegt, sondern es wird auch die Entfernung der besagten Zwerge verfügt:[27]

»Die Klage ist zulässig und hat auch in der Sache vollen Erfolg. Im einzelnen gilt folgendes:
Der Abwehr- bzw. Beseitigungsanspruch des Klägers ergibt sich aus § 1004 I BGB i.V.m. § 823 I BGB. Durch die Aufstellung der im Tenor näher bezeichneten Zwerge wird das allgemeine Persönlichkeitsrecht des Klägers durch den Beklagten als Störer rechtswidrig beeinträchtigt.
Die Aufstellung dieser »Frustzwerge« geht weit über das hinaus, was als lediglich ästhetische Störung des Beklagten bezeichnet werden könnte. Die Posen und Gesten dieser Zwerge stellen sich – trotz ihres zweifellos künstlerischen Wertes – als grobe Beleidigung des Klägers dar, was nach der Überzeugung des Gerichtes vom Beklagten auch so beabsichtigt ist.
Die Gesten der im Tenor beanstandeten Zwerge sind eindeutig, und es bedarf für jeden verständigen Betrachter keiner weiteren Erläuterung, daß diese Zwerge eine grobe Mißachtungsäußerung gegenüber dem Kläger darstellen sollen. Insofern ist der Vortrag des Beklagten, er habe diese Zwerge nur »zu seiner eigenen Erbauung« angefertigt und aufgestellt mit logischer Denkweise nicht vereinbar. Der Beklagte könnte diese Zwerge am besten dann sehen, wenn er sie in seinem eigenen Aufenthaltsbereich aufstellen würde und hätte dabei ausreichend Gelegenheit, sich an ihnen zu erbauen. Dies hat er aber nicht getan, sondern hat diese Zwerge so plaziert, daß sie insbesondere vom Kläger und von Passanten der Straße und Besuchern des Klägers wahrgenommen werden. Sie stehen teilweise so, daß sie der Beklagte, wenn er sich in seinem Hause befindet, überhaupt nicht mehr sehen kann. Es kann daher keine Rede davon sein, daß ausschließlicher Zweck die »eigene Erbauung« des Beklagten gewesen

sein soll. Hinzu kommt, daß vorprozessual auch Schriften verwendet worden sind, wie »Pfälzer in die Pfalz, Wuppertaler in die Wupper« und ähnliches, von denen beim besten Willen nicht angenommen werden kann, sie dienten der Erbauung des Beklagten.

In Wirklichkeit stellt sich der Fall vielmehr so dar, daß der Beklagte seine zweifellos vorhandene künstlerische Begabung dazu mißbraucht hat, um seiner Absicht, den Kläger zu kränken und zu beleidigen, eine feste Form zu geben.

Letztlich ist hier nichts anderes geschehen, als daß der Beklagte sich nicht selbst hingestellt hat, um entsprechend ehrverletzend und beleidigend gegenüber dem Kläger zu gestikulieren, sondern dies durch tönerne Stellvertreter getan hat.

Es macht daher keinen Unterschied, ob der Beklagte sich selbst vor das Haus des Klägers gestellt hätte, um diesem beispielsweise sein bloßes Hinterteil hinzustrecken, oder dem Kläger die Zunge herauszustrecken bei dem oben bereits erwähnten »Fuck-you-Zeichen«. Da dies dem Beklagten aus naheliegenden Gründen nicht permanent möglich ist, hat er sich entschlossen, die hier streitgegenständlichen Zwerge zu schaffen und diese für ihn »handeln« zu lassen.

Im Ortstermin vom 11.1.1994 hat der Beklagte die Auffassung vertreten, es müsse ihm gestattet sein, seinen Frust gegenüber dem Kläger auf diese Weise loszuwerden. Dieses Argument ist der geltenden Rechtsordnung fremd. Es ist zweifellos so, daß viele Menschen in vergleichbaren Situationen ihrem Frust durch Beleidigungen ein Ventil schaffen könnten und dieses wohl auch wünschen. Allerdings stößt dies in zivilisierten Gesellschaften üblicherweise auf die Auffassung der Mehrheit der Bevölkerung, daß dies nicht durch Ehrverletzungen oder Beleidigungen des Gegenüber geschehen darf. Dieser weit verbreiteten Auffassung hat sich auch die Rechtsordnung der Bundesrepublik Deutschland angeschlossen, wonach dergleichen Verhaltensweisen nicht nur strafrechtlich als Beleidigung im Sinne des § 185 StGB zu werten sind, sondern auch als rechtswidrige Verletzungen des allgemeinen Persönlichkeitsrechts, was dem Verletzten das Recht gibt, diese Beeinträchtigung zu beseitigen bzw. abzuwehren. Der Vortrag des Beklagten, »keiner der anderen Nachbarn, welche die Zwerge ebenfalls sehen können, fühle sich gestört«, hat wohl eher zynischen Charakter, jedenfalls keine rechtliche Bedeutung, da die anderen Nachbarn ganz offensichtlich nicht Ziel des Frustrationsabbaus des Beklagten sind.

Unerheblich ist auch der Vortrag des Beklagten, daß es sich bei diesen Zwergen um Kunstgegenstände handele. Der Beklagte verkennt hierbei, daß die Kunstfreiheit ihre Grenzen in den durch Art. 2 I i.V.m. Art. 1 I GG gewährleisteten allgemeinen Persönlichkeitsrechten findet. Ein Kunstobjekt, das ersichtlich gezielt als Mittel der Ehrverletzung eingesetzt wird, unterliegt nicht dem Schutz des Grundgesetzes, da die absolute Grenze der in Art. 1 I GG garantierten Menschenwürde überschritten ist (vgl. *BVerfGE* 30, 173, 194). Nach den obigen Ausführungen steht nach der Überzeugung des Gerichtes fest, daß die Zwerge vom Kläger nicht geschaffen und insbesondere nicht aufgestellt wurden, um seiner künstlerischen Begabung zu frönen, sondern allein, um den Kläger zu beleidigen.

Die zu beanstandenden Zwerge sind isoliert, d.h. ihrer Zweckbestimmung entkleidet, zweifellos witzig, in ihrer Verwendungsart aber eher das Gegenteil.

Der Beklagte ist daher verpflichtet, die im Tenor genannten Zwerge, die eindeutig beleidigenden Charakter haben, zu entfernen.«

Das Landgericht Frankenthal/Pfalz hat das verhängnisvolle Urteil über die »little people« bestätigt.[28] Juristen und Gartenzwergfreunde werden damit leben müssen, daß sich die »Frustzwerge« im Paragraphendickicht verfangen haben. Zu sehr sollte man dies aber nicht bedauern. Gartenzwerge mit »Fuck-you-Zeichen« gehören nicht unbedingt zur schützenswerten, angestammten und von deutschen Kleingärtnern traditionell bevorzugten Gartenzwergbevölkerung. Wir sollten dennoch die weitere Entwicklung der juristischen Behandlung von Gartenzwergen aller Arten sorgfältig und äußerst kritisch beobachten – sonst kann es passieren, daß zu unser aller Schaden diese kleine, hart arbeitende Spezies bald nur noch im Deutschen Gartenzwergmuseum zu bewundern ist![29] Für eine Kulturnation wie Deutschland wäre das natürlich fatal.[30]

3. Der beleidigte Polizeibeamte

Die echte Satire ist blutreinigend:
und wer gesundes Blut hat, der hat auch
einen reinen Teint. Was darf die Satire?
Alles!

KURT TUCHOLSKY

Die Kunstfreiheit ist in unserem Rechtsstaat ein hohes Gut, welches schon aus verfassungsrechtlichen Gründen besonderen Schutz verdient.[31] Gerade Satire und Karikatur haben in der Vergangenheit – ermutigt durch die Rechtsprechung[32] – den großen Freiraum des Art. 5 Abs. 3 Grundgesetz zum Vergnügen Außenstehender und zum Mißfallen der Opfer weidlich ausgenutzt.[33] Manchmal kann man sich aber des Eindrucks nicht erwehren, daß viele Zeitgenossen meinen, unter dem Deckmantel und Schutzschild der Satire in verwerflicher Weise völlig ungestraft und hemmungslos andere Menschen beleidigen zu dürfen. Mißbrauch der Kunstfreiheit muß aber geahndet werden.[34] So ein Fall unter dem Motto »Kunst vor dem Kadi« ereignete sich im Gerichtsbezirk des Amtsgerichts Hamburg[35]. Er kann als warnendes Beispiel dafür dienen, daß Satire und Sarkasmus – entgegen dem Statement von Kurt Tucholsky[36] – zwar sehr vieles, aber eben doch nicht alles darf.

Folgender Fall lag dem Hamburger Strafrichter zur Entscheidung vor:[37]

Im Februar 1988 stand der Angeklagte A im Rahmen einer Verkehrskontrolle im Verdacht, mit seinem PKW eine rote Ampel überfahren zu haben. Er wurde von dem zuständigen Polizeimeister R angehalten, zur Rede gestellt und überprüft. Der ertappte A war mit der Art und Weise der Überprüfung gar nicht einverstanden; er empfand das Verhalten von R als unfreundlich und dessen Tonfall als unhöflich, ja geradezu rüde. Ob R wirklich das Gegenteil personifizierter Bürgerfreundlichkeit war oder A vielleicht nur einen Beamtenkomplex hatte, ließ sich später nicht mehr zweifelsfrei feststellen. A wollte jedenfalls die Sache nicht auf sich sitzen lassen. Ihn packte im März desselben Jahres das dringende Bedürfnis, R seine Meinung zum Vorgang zu sagen. Deshalb schickte er ihm eine Postkarte des bekannten Künstlers (und weniger bekannten Juristen) Klaus Staeck.[38] Auf der Rückseite der Karte war ein wirklich extrem dickes Gesäß abgebildet, welches bewußt auf einem – in Relation zum Umfang des Gefäßes – viel zu kleinen Bürostuhl plaziert war. Unter diesem Bild befand sich folgender erläuternder Text: »Konturen eines Amtsarsch (Prototyp). Gewidmet Herrn/Frau/Fräulein…« Der angeklagte A setzte in die Freizeile »Gewidmet« – aus seiner Sicht durchaus konsequent – den Text ein: »Polizeimeister R«. Die Karte adressierte er entsprechend und schickte sie an die Dienststelle von R in Hamburg, natürlich zu seinen Händen. R fand die ihm persönlich gewidmete Karte, die im Kollegenkreis sicher für eine kaum zu unterdrückende Heiterkeit sorgte (»Der Narben lacht, wer Wunden nie gefühlt.« Shakespeare, Romeo und Julia), überhaupt nicht spaßig. Er zeigte den kunstbeflissenen Autofahrer wegen Beleidigung pp. an und stellte Strafantrag.

Das Strafverfahren vor dem Amtsgericht Hamburg führte zur Verurteilung von A. Bei allem Kunstverständnis erkannte das Gericht wegen schwerer Ehrenkränkung eines deutschen Polizeibeamten auf Beleidigung:[39]

»[…] Der Angeklagte (Angekl.) hat den objektiven Sachverhalt eingeräumt. Er habe allerdings den Zeugen nicht beleidigen wollen. Er habe geglaubt, an der Karte würde sich der Zeuge erfreuen, wenn er nur Humor und künstlerisches Verständnis habe. Aus diesem Grunde habe er sie ihm ja auch »gewidmet«. Mit einer Widmung versehe man ja schließlich zum Beispiel auch Bücher, die man an jemandem anderes verschenke.

Schließlich stelle die Karte ja ein Kunstwerk dar, er versende sehr viele Karten des Künstlers *Staeck*, er sei eben bemüht, Kunst zu verbreiten. Er biete auch dem Zeugen an, auf seine, des Angekl., Kosten einen Volkshochschulkursus über Kunst zu besuchen.

Der Angekl. hat sich mit der oben beschriebenen Karte nebst »Widmung« der Beleidigung des Zeugen R schuldig gemacht (§ 185 StGB). Er hat mit dem Übersenden der oben näher beschriebenen Karte die Ehre des Zeugen R verletzt, indem er spätestens durch die persönliche »Widmung« der Karte den Zeugen als dem in all seiner Unästhetik und Häßlichkeit abgebildeten Menschen auf der Karte gleichgestellt und damit gegenüber dem Zeugen zum Ausdruck gebracht hat, was er von diesem »hält«.

Daran ändert nichts der Umstand, daß es sich bei der Karte um ein Kunstwerk – so kann jedenfalls zugunsten des Angekl. unterstellt werden – handelt, um eine künstlerische Karikatur. Eine solche ist nur dann nicht beleidigend, auch wenn sie an sich das Ehrgefühl des Karikierten verletzt, wenn der Täter nach den gesamten Umständen des konkreten Einzelfalles davon ausgehen durfte, der Karikierte oder mit der Karikatur Gleichgesetzte werde dies nicht als Angriff auf seine Ehre, sondern als Scherz oder Satire auffassen (vgl. *Dreher/Tröndle,* 44. Aufl. [1988], § 185 Rm 8a mwN).

Davon konnte hier der Angekl. nicht ausgehen nach den Umständen, wie er und der Zeuge R sich angesichts des vom Zeugen verfolgten Rotlicht-Verstoßes des Angekl. »kennengelernt« hatten.

Der Angekl. hat zur Überzeugung des Gerichtes aus den oben genannten Gründen auch vorsätzlich gehandelt. Seine Einlassung, er habe den Zeugen nicht beleidigen wollen – also nicht vorsätzlich gehandelt –, sondern sei davon ausgegangen, der Zeuge habe Humor und würde sich an der Karte erfreuen, ist angesichts der oben beschriebenen bisherigen Kontakte zwischen dem Angekl. und dem Zeugen als Schutzbehauptung anzusehen und widerlegt. Der Angekl. konnte nicht davon ausgehen, nachdem er und der Zeuge sich – vorsichtig formuliert – unter »wenig glücklichen Umständen« kennengelernt hatten, der Zeuge werde die oben beschriebene Karte als Scherz, der ihn erfreuen solle, auffassen – zur Überzeugung des Gerichtes ist der Angekl. tatsächlich auch nicht von dieser Vorstellung ausgegangen bei Versendung der Karte. Eine solche irrige Annahme mag einem geistig nicht gerade hellwachen Menschen unterlaufen, nicht aber dem Angekl., der sich als durchaus geistig wendig und sprachlich eloquent, mit durchaus ausreichender Verstandesleistung ausgestattet in der Hauptverhandlung erwiesen hat.

Da der Zeuge gegen den Angekl. rechtzeitig Strafantrag gestellt hat, war auch die strafrechtliche Verfolgbarkeit des Antragsdeliktes »Beleidigung« gegeben.

Bei der Strafzumessung war wenig zugunsten des Angekl. zu berücksichtigen. Das Wenige ist kurz aufgezählt: Der Angekl. hat eingeräumt, die Karte des Künstlers *Staeck* an den Zeugen adressiert zu haben, bei seinen Vorstrafen ist positiv zu vermerken, daß diese nicht einschlägiger Natur sind.

Auf der anderen Seite sprechen ganz erhebliche Punkte zu Lasten des Angekl. Obwohl er ja nun durch die Strafanzeige und das Strafverfahren mitbekommen hatte, daß der Zeuge *R* sich durchaus durch diese Karte beleidigt fühlte, obwohl ihm das Gericht in der Hauptverhandlung noch deutlich gemacht hatte, daß es das Verfahren gegen eine geringe Geldbuße für einstellungswürdig halte, wenn sich der Angekl. nur zu einer Entschuldigung gegenüber dem Zeugen *R* aufraffen könne, hat er hierzu nicht mehr zu antworten gewußt, als daß er seine Gesinnung nicht für 450 DM – das ist der Gesamtbetrag der im Strafbefehl, gegen den der Angekl. Einspruch eingelegt hat, festgesetzten Geldstrafe – »verkaufen« würde. Auch in seinem Schlußwort hat der Angekl. wenig positive, zumindest nahe am Rande weiterer Beleidigungen liegende Äußerungen in Richtung des Zeugen *R* von sich zu geben gewußt: So hat er ihm auf seine, des Angekl., Kosten den Besuch eines Kursus der Volkshochschule über Kunst angeboten.

Angesichts der nur als Verbohrtheit und Uneinsichtigkeit zu bezeichnenden Verhaltensweise des Angekl. kommt das Gericht nicht umhin, deutlich über das ursprüngliche im Strafbefehl vorgesehene Strafmaß hinauszugehen. Das Verhalten des Angekl. läßt befürchten, daß er in ähnlichen Situationen in gleicher, unangemessener Weise reagieren wird. Seine »letzten Worte« in der Hauptverhandlung – *Volkshochschulkurs* – deuten eindeutig in diese Richtung. Es war daher fühlbar auf den Angekl. zur Vermeidung weiterer solcher Straftaten einzuwirken. Dies erschien dem Gericht nur möglich durch Verhängung einer Geldstrafe in Höhe von 40 Tagessätzen.«

Der Angeklagte A hat für seine beamtenfeindliche Einstellung die gerechte Strafe bekommen.[40] Die von ihm verschickte Staeck-Postkarte stand in krassem Gegensatz zu dem vom Künstler propagierten Anspruch, in der öffentlichen Meinung eine »moralische Macht« zu sein.[41] Wer wie A außerdem anderen sein Kunstverständnis aufzwingen will und die Menschenwürde eines Polizeibeamten verletzt, muß selber noch viel – vielleicht in der Volkshochschule? – über Demokratie und

Messieurs :.. dans tout ce deluge de projets, d'amendemens, de loi,
de propositions et de contrepropositions qui se succèdent sur
la question de complexe des loyers ; je vois un personnage
que vous oubliez sans cesse : le propriétaire !...

das geordnete Zusammenleben von Menschen lernen. Die erste Lektion hat A mit dem Urteil erhalten. Hoffen wir für ihn und uns, daß er seine Ausbildung an einem anderen Ort als in Gerichtssälen fortsetzt. Da A der Kunst so zugeneigt ist, sei ihm an dieser Stelle auf literarische Weise noch vermittelt, wie der rechtschaffende Polizeimeister R den gesamten Hergang der Dinge in seinem tiefsten Innern empfunden hat. Erich Kästner werden nachfolgende wunderbaren Worte zugeschrieben, die in idealer Weise die Haltung des Polizisten bei Erstattung der Strafanzeige charakterisieren:

»Was auch passiert
Nie darfst Du so tief sinken,
Von dem Kakao,
Durch den man Dich zieht,
Auch noch zu trinken!«

Dies ist übrigens auch mein juristisches Lebensmotto.

---

[1] Die Geldstrafe war allerdings auch im Mittelalter als alternative Strafe verbreitet und insbesondere für Adelige ein Weg, Körperstrafen zu vermeiden – vgl. Radbruch, Gustav/Gwinner, Heinrich: Geschichte des Verbrechens, 1990, S. 427 ff.

[2] Ein amüsantes Beispiel, zitiert aus Puntsch, Eberhard: Witze, Fabeln, Anekdoten, S. 353, findet sich im Klever Kreisblatt vom 8.6.1904: »Ehrenerklärung! Die beleidigende Äußerung, welche ich über Fräulein Anna Munkelbeck gemacht habe, nehme ich zu meinem größten Bedauern zurück.«

[3] OLG Kiel, JW 1931, 2523.

[4] Vgl. auch Seibert, Claus: Das Goethe-Zitat, MDR 1971, S. 110; Roetzel: Goethes »Götz« – oder »Die Welt ist ein Gefängnis«, NJW 1995, S. 849 ff.

[5] Vgl. Goethe, Johann Wolfgang von: Götz von Berlichingen, Weimarer Ausgabe Band 39, 1897, S. 110.

[6] Im vierten Akt ruft Götz übrigens diesbezüglich dann noch in der Rathausszene höhnisch aus: »Meinetwegen dürft ihr's drucken lassen!«; vgl. zu dem Goethe-Zitat auch die umfassende Darstellung von Müller-Jabusch: Götzens grober Gruß, Berlin 1941.

[7] OLG Kiel, JW 1931, 2524.

[8] So Engelhard in seinen zutreffenden Urteilsanmerkungen: JW 1931, 2524.

[9] Vgl. Engelhard: a.a.O.; Pausch, A./Pausch, J.: Goethe-Zitate für Juristen, 2. Aufl. 1995.

[10] So auch Seibert, Claus: Das Goethe-Zitat, MDR 1971, S. 110: »In unserer ›verderbten Welt‹ (Schlußworte Götzens, 5. Akt) steht zwar (wenn auch nicht bei allen) die Menschenwürde hoch im Kurs. Ich vermag jedoch nicht einzusehen, daß durch jenen zur Verteidigung gemachten literarischen allgemeinen Hinweis der Gegner und Adressat in seiner Ehre betroffen worden sei und es sein sollte. Meines Erachtens war es nichts weiter als ein Spaß. Nur hatten der Gegner und die mit dem Fall befaßten Instanzen keinen Humor. Ich hätte den witzigen Mann nicht verurteilt.«; vgl. auch Engelhardt: JW 1931, S. 2523: »Die Verteidigung des Angeklagten konnte in erster Instanz als leidlich guter – wenn auch keineswegs neuer! – Scherz gelten. Bis in der Revisionsinstanz getrieben wirkt dieser etwas abgeschmackt ...«

[11] Vgl. dazu MDR 1995, S. R 1.

[12] Wiedergegeben im Revisionsurteil OLG Karlsruhe, NJW 1990, 2009.

[13] Das Revisionsurteil OLG Karlsruhe, NJW 1990, 2009, ist hochinteressant, weil es sich mit der Frage auseinandersetzt, ob in Knittelversen gereimte Urteile wirksam sind; vgl. dazu auch Beaumont, Werner: Vom Amtsschimmel zum Pegasus – die Sprache des Rechts in Vers und Reim, NJW 1990, 1969 und Günther, Jörg-M.: BGB in Reimen, S. 11 ff.

[14] Vgl. dazu Schwarz, Otto: Erwiderung von Beleidigungen, NJW 1958, S. 10 ff.; ein schönes Beispiel stand einmal im »Spiegel«, Heft 35/1989, S. 75 – hiernach beendete eine Richterin am AG Landau am 2.12.1987 ein Urteil mit folgenden Zeilen:
»Ruft vom Nachbarn der Racker

laut »Briefkastenkacker«,
und du fühlst dich gekränkt,
von Rache gelenkt,
so antworte schnell und nicht unbedingt leise
»Windelscheißer«.«

[15] RGSt 70, 330.
[16] Vgl. dazu auch Braun, Johann: Der Zwergenkrieg, in: ders.: Kunstprozesse von Menzel bis Beuys, S. 37.
[17] Vgl. dazu die wunderbare Darstellung von Ludwig Müller: Die kleine Welt der Gartenzwerge, Niedernhausen 1986; Braun, Johann: Der Zwergenkrieg, in: ders.: Kunstprozesse von Menzel bis Beuys, S. 35. ff.; Junker, Abbo: Gartenzwerge und Artenschutz, JZ 1988, S. 1012 ff.
[18] Vgl. OLG Hamburg, NJW 1988, 2053; zur Pfändung von Gartenzwergen vgl. Wieser, Eberhard, NJW 1990, 1971; zur Strafbarkeit von Zwergen, vgl. Günther, Jörg-M.: Der Fall Rotkäppchen, S. 54 ff.; zu baurechtlichen Fragen bei der Aufstellung von Gartenzwergen, vgl. Müller, Ludwig: Der Paragraphenzwerg, in: Die kleine Welt der Gartenzwerge, S. 74 ff.; Braun, a.a.O.
[19] OLG Hamburg, NJW 1988, 2053.
[20] Vgl. Junker, Abbo: Gartenzwerge und Artenschutz, JZ 1988, S. 1012.
[21] OLG Hamburg, Urt. v. 7.9.1993, 7 U 74/98.
[22] Vgl. Braun, Johann, a.a.O., S. 49: »Wenn das Hanseatische Oberlandesgericht dem Gartenkobold das Recht einräumte, zu blicken, wohin er will, so kommt darin doch wohl eine zwergenfreundliche Auffassung zum Ausdruck. Die Gartenzwerge, so scheint es, sind wieder wer vor deutschen Gerichten. Sie dürfen ihren Gegnern von Rechts wegen fest in die Augen schauen. Der neue Trend ist in nanophilen Kreisen mit Erleichterung zur Kenntnis genommen worden.«
[23] Vgl. FEVE: Untergang der Gartenzwerge? GewArch 1993, S. 149.
[24] Vgl. Junker, Abbo: JZ 1988, S. 1012.
[25] Zitiert aus FEVE: Untergang der Gartenzwerge, GewArch 1993, S. 149; siehe auch Süddeutsche Zeitung Nr. 58 vom 9.10.1991, S. 12.
[26] Vgl. »Freizeit und Spiel« 1991, Nr. 6, S. 4; FEVE: GewArch 1993, S. 149; Braun, a.a.O.
[27] AG Gründstadt, Urt. v. 11.2.1994, 2 a C 334/93, JuS 1995, XXIV; auch abgedruckt in: NJW 1995, S. 889 ff.
[28] LG Frankenthal/Pfalz, Urt. v. 2.11.1994, 4 S 272/94.
[29] Hinweise auf diese Gefahr finden sich auch bei FEVE: Untergang der Gartenzwerge, GewArch 1993, S. 150; für einen Schutz der Gartenzwerge vgl. auch Braun, Johann: Der Zwergenkrieg, S. 49.
[30] Vgl. auch Müller, Ludwig: Der Zwerg in der Kunst, in: Die kleine Welt der Gartenzwerge, S. 28 ff.
[31] BVerfGE 36,31.
[32] Vgl. Würtenberger: Satire und Karikatur in der Rechtsprechung, NJW 1983, S. 1144 ff.
[33] Art. 5 Abs. 3 GG: »Kunst und Wissenschaft, Forschung und Lehre sind frei.«; Würtenberger: Satire und Karikatur in der Rechtsprechung, NJW 1983, S. 1144; Würkner: Das Bundesverfassungsgericht und die Freiheit der Kunst, München 1994; Senfft: Schmäher vor Gericht, Göttingen 1993.
[34] Vgl. Würtenberger: NJW 1983, S. 1144; OVG Koblenz, NJW 1990, 465.
[35] AG Hamburg, Urt. v. 9.11.1988, 201-518/88 201 Cs/1100 Js 430/88, NJW 1989, 410.
[36] Vgl. dazu Würtenberger, Thomas: NJW 1983, S. 1144: »»Was darf die Satire?‹ Auf diese Frage gab Kurt Tucholsky die Antwort: ›Alles!‹ Dieses Wort eines politisch engagierten Schriftstellers widerspricht sowohl der Lebensrealität als auch Verfassung und Gesetz.«
[37] AG Hamburg, NJW 1989, 410.
[38] Siehe in dem Zusammenhang Klaus Staeck: Eine Zensur findet gelegentlich statt, in: Drewitz-Eiles: Mut zur Meinung, Gegen die zensierte Freiheit, 1980, S. 158 ff.
[39] AG Hamburg, NJW 1988, 410.
[40] Vgl. auch BayObLG 11, 177, wonach das Anbringen der Karikatur eines Polizeibeamten auf einem Autokühler grob ungehörig ist und gegen § 118 OWiG verstößt.
[41] Vgl. Würtenberger, Thomas: a.a.O.; Karst (Hrsg.): Klaus Staeck, Die Reichen müssen noch reicher werden, 1980, S. 66 ff.

VI. Tiere vor Gericht

Der Wellensittich im Koma

*Der untrüglichste Gradmesser
für die Herzensbildung eines Volkes
und eines Menschen ist,
wie sie die Tiere betrachten und behandeln.*

BERTHOLD AUERSBACH

Tiere sind oftmals Thema vor Gericht.[1] Das ist kein Wunder, da sich beispielsweise sage und schreibe zehn Paragraphen des Bürgerlichen Gesetzbuches mit ihnen unmittelbar beschäftigen (§§ 90 a, 251 Abs. 2 S. 2, 833, 834, 903, 960–964, 971 BGB). Der Gesetzgeber nimmt Tiere also sehr ernst, wenn er etwa detaillierte Regelungen über den »Einzug in eine fremde besetzte Bienenwohnung«[2] trifft oder für den pseudoadeligen Promenadenhund »Waldi vom Tierheim« festlegt, daß er im Schadensfall auch als ziemlich wertloses Tier – bezogen auf den objektiven Verkaufswert – Anspruch auf eine angemessene Heilbehandlung hat[3]. Am wichtigsten ist sicher der 1990 neu eingefügte § 90 a BGB, durch den die rechtliche Stellung von Tieren besonders gestärkt wurde.[4] Wie heißt es dort so schön: »Tiere sind keine Sachen. Sie werden durch besondere Gesetze geschützt.« Zu diesen Gesetzen zählt natürlich auch das deutsche Tierschutzgesetz. Es gibt allerdings nirgends eine Vorschrift, die Tiere davor bewahrt, zu einem juristischen Zankapfel zwischen Menschen zu werden. Für tierischen Streit gibt es also rechtlich gesehen Raum genug.

Tierprozesse bieten vielfach Anlaß zum Schmunzeln, aber auch zum Nachdenken. Wie ist es um die Menschheit und die Rechtsgemeinschaft bestellt, wenn verfeindete Nachbarn mit hohem Geldeinsatz bis zur letzten Instanz um einen kleinen Froschteich streiten[5] oder den morgendlichen Wecker in Form des nachbarlichen Hahns erbittert bekämpfen? Ortstermine werden zur Realsatire, Richter zeigen ihr wahres Wesen, wenn sie um fünf Uhr morgens zum gerichtlich anberaumten Ortstermin erscheinen müssen, um wildgewordene Gockel bei ihrem pflichtgemäßen Treiben in Augen- und Ohrenschein zu nehmen. Wie Zombies in mittelmäßigen Horrorfilmen aus Hollywood schweben Richter in ihren schwarzen Talaren im Morgengrauen zum grausamen Ort des akustischen Infernos. Streikt dann das Federvieh und ist mucksmäuschenstill – vor Gericht wird man als Prozeßgegenstand schnell nervös – bewahrt den Richter nur lang antrainierte Selbstbeherrschung vor dem Ausflippen oder ein Blick in das Gesetz und seine Kommentierung. Der Richter muß sich nämlich nicht nochmals so früh aus seinem Bette quälen, da der juristische Grundsatz herrscht: Wer Krach nicht beweisen kann, der ist als Kläger nicht gut dran. So was nennt man Beweislast, also eine Last, die dem Richter das Leben erleichtert. Vor einem neuen Ortstermin in Herrgottsfrühe wird er lieber abends das Urteil schreiben: »Die Klage wird abgewiesen.« Vielleicht gibt sich der Hahn in der nächsten Instanz die Ehre.[6]

Es gibt jedenfalls kaum ein juristisches Feld, ausgenommen vielleicht das Familienrecht, wo erbitterter gekämpft wird als um und gegen Tiere. Auf eine einfache Formel gebracht: Einfach tierisch! Als außenstehender Betrachter zweifelt man zuweilen an der Prozeßfähigkeit, mithin also am Verstand, der verfeindeten Parteien. Dies ist allerdings kein Wunder, denn es geht ja um Liebe, nämlich die Liebe zum Tier. Wie weit solche Liebe gehen darf (Wo es um Liebe geht, werden Prozesse schwierig!), hat Justitia im Rahmen ihrer Allzuständigkeit im sogenannten »*Düsseldorfer Wellensittichfall*« entschieden.[7] Wellensittiche, diese kleinen, lustigen Gesellen mit Namen wie »Peterle«, »Bubi« oder »Jocky«, befinden sich in Millionen deutscher Haushalte und sollten eigentlich keinen Anlaß für lieblose juristische Auseinandersetzungen zwischen Bürgern bieten. Weit gefehlt – ein tragischer Fall empörte vor nicht allzu langer Zeit zahlreiche Wellensittichliebhaber und löste bei Gegnern dieser Haustiere allergrößte Genugtuung aus.

Was war geschehen? Ein Autofahrer hatte auf der Autobahn die zulässige Höchstgeschwindigkeit um sage und schreibe 54 km/h überschritten, um einen im Koma liegenden Wellensittich schnellstmöglich zum Tierarzt zu bringen. Leider hatte er das Pech, in eine Radarfalle zu geraten. Das wenig tierliebende Amtsgericht zeigte sich unnachsichtig und verhängte »wegen fahrlässiger Überschreitung der Höchstgeschwindigkeit gem. §§ 41 II Nr. 7,49 III Nr. 4 StVO, 24 StVG« gegen den Tierfreund am Lenkrad ein Bußgeld von 450 DM. Der Autofahrer ging in die Beschwerde. Zur Rettung eines Tieres müsse man zu schnell fahren dürfen. Auf eine plakative Formel gebracht: »Ich fuhr dort nur zu schnittig, zu retten einen Sittich!«

Die routinierten Paragraphenkenner des Oberlandesgerichts Düsseldorf zeigten sich als Revisionsrichter völlig unbeeindruckt:[8]

»Der Betroffene wollte zwar nach seiner unwiderlegten Einlassung einen im Koma liegenden Wellensittich retten. Die Geschwindigkeitsüberschreitung war deshalb jedoch nicht wegen Notstands gem. § 16 OWiG gerechtfertigt.[9] Diese Vorschrift setzt voraus, daß bei Abwägung der widerstreitenden Interessen das geschützte Interesse das beeinträchtigte wesentlich überwiegt. In diese Erwägungen sind auch die Rangordnungen der betroffenen Rechtsgüter einzubeziehen. Steht z.B. – wie hier – die Beeinträchtigung der Sicherheit des Straßenverkehrs und damit die Gefahr für Leib und Leben von Menschen auf dem Spiel, so tritt demgegenüber die Rettung eines Tieres grundsätzlich zurück. Der Beweggrund, ein erkranktes Tier möglichst rasch behandeln zu lassen, rechtfertigt daher die Verletzung von Sicherheitsvorschriften im Straßenverkehr, zu denen auch Geschwindigkeitsbeschränkungen gehören, regelmäßig nicht. Ein Ausnahmefall liegt nicht vor. Die Überschreitung der zulässigen Höchstgeschwindigkeit um 54 km/h war nicht wegen Rettung eines Wellensittichs gerechtfertigt. Den Urteilsgründen ist zu entnehmen, daß der Betroffene schon zur Tatzeit der Auffassung war, in Fällen der vorliegenden Art sei eine Geschwindigkeitsüberschreitung gerechtfertigt. Dieser Verbotsirrtum führt jedoch zu keiner anderen Beurteilung seiner Schuld [...] Hier liegt kein unvermeidbarer Verbotsirrtum vor, weil der Betroffene bei Anwendung der erforderlichen Sorgfalt hätte wissen können, daß die möglichst rasche Behandlung eines erkrankten Tieres Geschwindigkeitsüberschreitungen regelmäßig nicht rechtfertigt.«

Wir stellen also fest, daß das Interesse der Allgemeinheit an der Sicherheit des Straßenverkehrs wichtiger ist als ein unmittelbar bedrohtes Wellensittichleben.[10] Wahrscheinlich hatte keiner der Richter einen Vogel, sonst hätte man vielleicht anders entschieden.[11]

Uns bleibt nur noch ein letztes Lebewohl an den Sittich! Wie gut passen da die Worte der Breslauer Schriftstellerin Friederike Kemper auf ihren am 15. November 1890 dahingeschiedenen Papagei:

>»Allgeliebter Vogel du,
>gingest auch zur ewigen Ruh,
>liebenswürdig, zahm und zart
>und von selten geistiger Art.«

---

[1] Vgl. in dem Zusammenhang auch Lorz, Albert: Die Rechtsordnung als Hilfe für das Tier, NuR 1994, 473.
[2] § 964 BGB Einzug in eine fremde besetzte Bienenwohnung:
»Ist ein Bienenschwarm in eine fremde besetzte Bienenwohnung eingezogen, so erstrecken sich das Eigentum und die sonstigen Rechte an den Bienen, mit denen die Wohnung besetzt war, auf den eingezogenen Schwarm. Das Eigentum und die sonstigen Rechte an dem eingezogenen Schwarm erlöschen«; vgl. zu menschlichen Wohnraumproblemen Günther, Jörg-M./Traumann, Eckard: Wohnraumbeschlagnahme zur Unterbringung Obdachloser, NVwZ 1993, S. 130 ff.
[3] Vgl. § 251 Abs. 2 S. 2 BGB, wonach »die aus der Heilbehandlung eines verletzten Tieres entstandenen Aufwendungen nicht bereits dann unverhältnismäßig sind, wenn sie dessen Wert erheblich übersteigen.« Bereits vor dieser Gesetzesänderung bewies das LG Lüneburg tierisches Einfühlungsvermögen, NJW 1984, 1243.
[4] Vgl. dazu Günther, Jörg-M.: BGB in Reimen, S. 17:
»›Sache‹ im Gesetzessinn
ist Körpergegenstand
Tiere zählten auch dahin,
Doch hat man dann erkannt,
Daß Tierschutz, wie er sinnvoll ist,
Das BGB vermißt,
So daß ein neuer Paragraph
Hineingekommen ist;
›Tiere‹ haben Sonderschutz
In Vorschrift 90 a,
Doch Vorschriften des Sachenrechts
Sind weiter für sie da.«
Vgl. Mühe, Gregor: Das Gesetz zur Verbesserung der Rechtsstellung des Tieres im bürgerlichen Recht. NJW 1990, S. 2237 ff.; Schmidt: Sind Hunde Plastiktüten? JZ 1989, S. 790 ff.; Lorz, Albert: Die Rechtsordnung als Hilfe für das Tier, NuR 1994, S. 473 ff.

[5] Vgl. BGH, NJW 1974, 925; siehe dazu auch Günther, Jörg-M.: Baumschutzvorschriften – rechtliche Bilanz, tatsächliche Handhabung und allgemeine Perspektiven, Wertermittlungsforum 1994, S. 105; ders.: Baumschutzsatzungen – eine rechtliche und tatsächliche Bilanz, NWVBL 1995, S. 89 ff.

[6] Vgl. zur Gefahr der Verfälschung des Landlebens durch Kräh- und Grunzverbote FAZ Nr. 213 vom 13.9.1991, S 9.

[7] NJW 1990, 2264.

[8] OLG Düsseldorf, NJW 1990, 2264

[9] § 16 OWiG Rechtfertigender Notstand:
»Wer in einer gegenwärtigen, nicht anders abwendbaren Gefahr für Leben, Leib, Freiheit, Ehre, Eigentum oder ein anderes Rechtsgut eine Handlung begeht, um die Gefahr von sich oder einem anderen abzuwenden, handelt nicht rechtswidrig, wenn bei Abwägung der widerstreitenden Interessen, namentlich der betroffenen Rechtsgüter und des Grades der ihnen drohenden Gefahren, das geschützte Interesse das beeinträchtigte wesentlich überwiegt. Dies gilt jedoch nur, soweit die Handlung ein angemessenes Mittel ist, die Gefahr abzuwenden.«

[10] Ein ähnlicher Fall hat sich zugetragen in Zusammenhang mit einem Hund, der lebensbedrohlich vergiftet war, vgl. OLG Hamburg, VRS 61, 445: 59 km/h Geschwindigkeitsüberschreitung sind grundsätzlich für die Rettung eines lebensbedrohlich erkrankten Tieres nicht gerechtfertigt, es sei denn die Sache hat sich gefahrlos auf ländlichen Straßen ereignet.

[11] Vgl. auch Göhler, Erich: OWiG, § 16 Rn. 11: »Ebensowenig rechtfertigt z.B. die möglichst rasche Behandlung eines erkrankten Tieres die Verletzung von Sicherheitsvorschriften im Straßenverkehr«; siehe in diesem Zusammenhang den interessanten Ansatz von Lübbe, Anna: Hat der Tierschutz Verfassungsrang? NuR 1994, S. 471 – Lübbe geht davon aus, daß wir bei dem Schutz von Tieren unbewußt das menschenähnlichere Tier stärker schützen (anthropomorphenes Kriterium): »Daß wir es abstoßend finden, einen Frosch von hinten aufzublasen, beruht darauf, daß wir selbst einen Darm und ruck- und schmerzempfindliche Organe haben. Weniger Probleme haben wir etwa mit der Spinne, die im Spülstein mit kochendem Wasser übergossen wird.«

VII. Von Hexen und Geistheilern

1. Der Münchner Hexenprozeß

Fair ist foul and foul is fair.

WILLIAM SHAKESPEARE

Hexenprozesse sind der meisterforschte Gegenstand der Verbrechensgeschichte.[1] Zehntausende von Hexen wurden im Mittelalter wegen Hexerei *(maleficium)* in die Folterkammern und an den Brandpfahl geführt[2], wobei die Justiz eine wahrhaft unrühmliche Rolle spielte. Während anfangs nur kirchliche Gerichte – verstärkt seit der Hexenbulle des Papstes Innozenz VIII – die Hexerei verfolgten, geschah dies später durch weltliche Jurisprudenz. Der Hexenhammer[3], das erstmals 1487 erschienene Gesetzbuch der Hexenverfolgung, hatte die Verfolgung der Hexen dem Staat ans Herz gelegt und systematisierte den Hexenwahn[4]. Es war das erfolgreichste Standardwerk für alle Hexenjäger. Im Hexenprozeß hatte die Beschuldigte nur wenig Chancen zu entkommen, zumal die Folter als Beweismittel fester Bestandteil des Strafprozesses war.[5] Wen wundert es da, daß unter dem Eindruck der unvorstellbaren Qualen die wüstesten »Geständnisse« aus dem Reich Satans den Richtern zu Ohren gelangten? So heißt es bei einem der damals größten Gegnern des Hexenwahns, dem Juristen Graf von Spee (1591-1635):[6] »Häufig dachte ich bei mir: daß wir alle nicht auch Zauberer sind, davon sei die Ursache allein die, daß die Folter nicht auch an uns kam, und es ist sehr wahr, was neulich der Inquisitor eines großen Fürsten zu prahlen wagte, daß, wenn unter seine Hände und Torturen der Papst fallen sollte, ganz gewiß auch er sich als Zauberer bekennen würde.«

Da die letzten Hexen in Würzburg 1749, in Kempten 1775 und in Glarus 1782[7] auf dem Scheiterhaufen landeten beziehungsweise geköpft wurden, sollte man meinen, daß damit Hexen in der Justiz nie mehr auftauchen würden. Weit gefehlt – Hexenwahn wird überraschenderweise manchmal auch heute noch vor den Schranken Justitias verhandelt.[8] 1989 war ausgerechnet ein deutsches Finanzgericht – ein echter Treppenwitz der Justizgeschichte – gezwungen, sich in einem kuriosen Rechtsfall mit Hexen und ihrer öffentlichen Verbrennung zu befassen.[9]

Ein Fabrikant hatte sich über Jahre strikt geweigert, für seine Arbeitnehmer Kirchenlohnsteuer abzuführen. Er könne es mit seinem Seelenfrieden nicht verantworten, »Inkassodienst für kriminell gewesene Religionsgesellschaften, hier speziell römisch-katholische und evangelische Religionsgesellschaft zu leisten«[10] und stellte einen Antrag auf Befreiung. Als Begründung wies er darauf hin, daß 1664 sein Vorfahre J und dessen Ehefrau auf grausamste Weise im Rahmen der Hexenprozesse gefoltert worden seien. J habe schließlich nach Mitteldeutschland fliehen können, während seine Frau am 23.02.1664 auf dem Scheiterhaufen den Tod gefunden habe. Wenn er sich an diese Unmenschlichkeit gegenüber seinen Verwandten erinnere, sei es ihm völlig unmöglich, für die Kirche bei der Kirchenlohnsteuer als Arbeitgeber irgendwelche Dienste zu leisten. Es komme hinzu, daß die Religionsgesellschaften sich auch bis in die jüngste Vergangenheit verbrecherisch betätigt hätten.[11] Wie man sich unschwer vorstellen kann, lehnte das zuständige Finanzamt den Antrag – natürlich streng nach Dienstvorschrift (Allgemeine Dienstordnung für Finanzämter) – ab. Das Finanzgericht München mußte sich schließlich in einem wahren Hexenkessel steuerrechtlicher Probleme zurechtfinden. Genau 325 Jahre nach dem Hexenprozeß, den die Vorfahren des Klägers mit zum Teil tödlichen Folgen hatten über sich ergehen lassen müssen, kam es zu folgendem, auch für kirchliche Kreise interessanten Urteil:[12]

»Der Kläger (Kl.) ist nach Art. 13 und 17 II 1 BayKirchStG verpflichtet, Kirchenlohnsteuer für seine der römisch-katholischen und der evangelischen Religionsgemeinschaft angehörenden Arbeitnehmer zusammen mit der Lohnsteuer einzubehalten, beim Finanzamt anzumelden und an dieses abzuführen […].

Weder die römisch-katholische noch die evangelische Kirche sind kriminelle Vereinigungen i.S. der §§ 129, 129 a StGB, deren Gründung und Unterstützung in diesen Vorschriften unter Strafe gestellt wird. Dies schon deshalb nicht, weil ihr Zweck oder ihre Tätigkeit nicht darauf gerichtet ist, Straftaten oder Verbrechen wie Mord, Totschlag oder Völkermord zu begehen. Dabei verkennt der *Senat* nicht, daß im Namen oder durch Vertreter der christlichen Kirchen Verbrechen geschehen sind bzw. Taten begangen wurden, die nach heutiger Rechtsauffassung Unrecht darstellen, weil sie mit der freiheitlich-demokratischen Grundordnung der Bundesrepublik Deutschland bzw. mit den Menschenrechten nicht vereinbar wären.

Es ist auch nicht möglich, den Kl. analog der einstweiligen Zurückstellung jüdischer Mitbürger vom Wehrdienst zeitweise vom »Inkassodienst« freizustellen […].

Dazu sei noch angemerkt, daß die Rechtssituation des Kl. nicht mit derjenigen der jüdischen Mitbürger verglichen werden kann: Hier geht es um die Ableistung von Wehrdienst, möglicherweise unter Einsatz des eigenen Lebens, für einen Staat, dessen unmittelbarer Rechtsvorgänger das Deutsche Reich gewesen ist, unter dem die Großväter der Begünstigten staatlichen Verfolgungsmaßnahmen bis zur physischen Vernichtung ausgesetzt waren. Im Falle des Kl. geht es um die Einbehaltung, Anmeldung und Abführung von Steuerabzugsbeträgen, deren Schuldner nicht der Kl. persönlich ist, sondern der kirchenangehörige Arbeitnehmer. Schon nach Art und Umfang sind die gesetzlich auferlegten Dienstleistungen also nicht miteinander vergleichbar. Hinzu kommt, daß die Vorfahrin des Kl. nicht von der oder den Kirchen, sondern von der weltlichen Justiz eines Teilstaates des damaligen »Heiligen Römischen Reiches« als »Hexe« öffentlich verbrannt worden ist (Rechtsprechungs- und Literaturnachweise). Weder die Kirchen noch der Freistaat Bayern noch die BRD sind unmittelbare Rechtsnachfolger der damaligen staatlichen Institutionen, die das Urteil gegen die Vorfahrin des Kl. ausgesprochen und vollstreckt haben. Selbst wenn es sich aus heutiger Sicht um einen Unrechtsakt gehandelt haben dürfte, könnten die genannten öffentlichrechtlichen Institutionen, insbesondere die Kirchen, wohl kaum zu vergleichbaren Billigkeitsmaßnahmen wie gegenüber den jüdischen Mitbürgern verpflichtet werden. Andernfalls wäre es möglich, daß sich jeder Bundesbürger unter Berufung auf an seinen Vorfahren – z. B. Angehörigen des Widerstands im 3. Reich – verübtes Unrecht bestimmten, ihm von der öffentlichen Hand auferlegten Pflichten »aus Gewissensgründen« entziehen könnte. Dies würde zu einer weitgehenden Lahmlegung der Tätigkeit staatlicher und sonstiger öffentlicher Organe führen.«

Bitteren Herzens mußte der sensible Fabrikant also erfahren, daß das eigene Gewissen bei der Kirchenlohnsteuer rechtlich so gut wie keine Rolle spielt.[13] Wie wird dieser geschichts- und familienbewußte Mensch für sich den quälenden Konflikt mit der Kirche lösen? Man kann befürchten, daß er von allen Mitarbeitern – juristisch äußerst delikat – unter offener oder verdeckter Kündigungsdrohung rigoros verlangt, aus den Amtskirchen auszutreten.[14] Kirchenaustritte sind ja ohnehin derzeit sehr in »Mode«. Hoffentlich kommt es nicht noch soweit, wie Erich Kästner es einmal geschildert hat:

»Da hilft kein Zorn. Da hilft kein Spott.
Da hilft kein Weinen, hilft kein Beten.
Die Nachricht stimmt! Der liebe Gott
Ist aus der Kirche ausgetreten.«

Verabschieden wir uns mit diesen nachdenklichen Worten aus dem Fall.

2. Die brasilianische Geistheilung

Man muß Wunder nicht nur bei Kranken
und alten Weibern suchen. Ist etwa die Gesundheit kein
Wunder? Und das Leben selbst? Was wir nicht verstehen,
ist ein Wunder.

ANTON PAWLOWITSCH TSCHECHOW

Im Zeitalter der Technik wird mancher medizinische Heileingriff zum medizinischen Heilangriff.[15] Nicht jeder kranke Mensch vertraut der Schulmedizin. Alternative Behandlungsmethoden – Böswillige sprechen von »naiven Behandlungsmethoden« – erfreuen sich eines immer größeren Zulaufs.[16] Oft sind sie der letzte Notanker, an den sich verzweifelte Patienten klammern, wenn in ihren Augen normale Behandlungsmethoden nicht mehr helfen. Tausende von Pilgern reisen beispielsweise jedes Jahr nach Lourdes oder Fatima und hoffen auf ein medizinisches Wunder.[17] Dort soll es vorgekommen sein, daß ein Blinder wieder sehen oder ein Lahmer wieder gehen konnte.[18] Ein wahres Wunder! Für Wunder fühlen sich allerdings die deutschen Krankenkassen nicht zuständig. Sie zahlen nur Kosten, die durch Einschaltung eines approbierten Arztes oder anerkannten Heil-

C'est au nom des honnêtes gens, messieurs,
que je monte à cette tribune....

praktikers entstehen. Geist- und Wunderheiler machen sich in Deutschland dagegen sogar strafbar und können nicht mit den Krankenkassen abrechnen. Sie üben nämlich ohne Erlaubnis die Heilkunde aus, was einen Verstoß gegen § 5 des Heilpraktikergesetzes darstellt.[19] Nach der Strafrechtsprechung genügt für den Tatbestand schon die Erweckung des Eindrucks, daß man heilen oder Erleichterung verschaffen könne.[20] In der Literatur wird diese strenge Auffassung von dem Begriff des »Ausübens der Heilkunde« heftig kritisiert:[21]

»Ausübung der Heilkunde ist dann schon z. B. schlichtes Handauflegen, Gesundbeten oder Trost spenden, wenn damit Schmerzen oder Beschwerden gelindert werden sollen. Nach dieser Leseart wäre auch Jesus Christus für seine guten Taten hierzulande mit Untersagungsverfügungen und Strafverfahren zu drangsalieren.«

Wie immer man die Dinge auch strafrechtlich sieht, »Geist- und Wunderheilungen« müssen vom »Patienten« zunächst aus dem eigenen Portemonnai bezahlt werden. Vielleicht kann man sie aber als Werbungskosten von der Steuer absetzen? Dies wäre allerdings wiederum ein wirkliches Wunder. Wie die Realität aussieht, zeigt ein Urteil des Finanzgerichts Berlin. Es befaßt sich mit der immer schon klärungsbedürftigen Rechtsfrage, ob die Kosten für den Besuch eines brasilianischen Geistheilers wenigstens die Steuern mindern können.[22]

Eine Lehrerin wollte vom zuständigen Finanzamt Aufwendungen als »außergewöhnliche Belastungen« anerkannt haben, die ihr für einen »Kuraufenthalt« ihrer Mutter in Brasilien unter Einschluß einer Visite beim Geistheiler entstanden waren. Die Mutter habe selbst nicht genügend Geld für die Reise gehabt, so daß sie, die Tochter, die Kosten übernommen habe. Ihre Mutter sei infolge eines Schlaganfalls gelähmt und gehunfähig; durch die therapeutische Heiltätigkeit des brasilianischen Geistheilers sei es zu einer erkennbaren Verbesserung des Gesundheitszustands gekommen. Die insgesamt für den Brasilienaufenthalt entstandenen Kosten müßten deshalb von der Steuer abgezogen werden.

Das Finanzgericht Berlin – juristisch alles andere als ein Wunder – zeigte sich steuerrechtlich konservativ.[23] Es sah demonstrativ von einer Zeugenvernehmung des Geistheilers und der Einschaltung von Gutachtern ab. Zum Schutz der Schulmedizin und des Geldbeutels der Steuerzahler erging im Namen des Volkes folgendes Urteil:[24]

»Aufwendungen der Kl. für den Besuch eines Geistheilers in Brasilien durch ihre erkrankte Mutter in Begleitung ihres Bruders hat der Bekl. im Ergebnis mit Recht nicht als außergewöhnliche Belastung berücksichtigt.

Nach § 33 EStG wird auf Antrag die Einkommensteuer ermäßigt, wenn einem Steuerpflichtigen zwangsläufig größere Aufwendungen als der überwiegenden Mehrzahl der Steuerpflichtigen gleicher Einkommensverhältnisse, gleicher Vermögensverhältnisse und gleichen Familienstandes erwachsen. Aufwendungen erwachsen dem Steuerpflichtigen jedoch nur dann zwangsläufig, wenn er sich ihnen aus rechtlichen, tatsächlichen oder sittlichen

Gründen nicht entziehen kann und soweit die Aufwendungen den Umständen nach notwendig sind und einen angemessenen Betrag nicht übersteigen, § 33 II 1 EStG.

Im Streitfall hat die Mutter der Kl. in Begleitung ihres Sohnes eine der Behandlung einer Krankheit dienende Reise (Kur, vgl. *BFH*, BStBl II 1988, 275) durchgeführt, und zwar in der besonderen Ausgestaltung einer Pilgerfahrt oder zumindest einer pilgerfahrtähnlichen Reise. Der Bundesfinanzhof (BFH) hat schon früh (DStR 1954, 302 L) entschieden, daß die Kosten einer Pilgerfahrt nach Lourdes oder Fatima, von denen sich ein Kranker Heilung verspricht, nicht als außergewöhnliche Belastung anerkannt werden können. Speziell zu Heilkuren (*BFH*, BStBl II 1980, 295 und 1988, 275) und zu einer Frischzellen-Therapie in einem Sanatorium (*BFH*, BStBl II 1981, 711) hat der *BFH* außerdem entschieden, daß Aufwendungen für eine der Behandlung einer Krankheit dienende Reise (Kur) nur dann als außergewöhnliche Belastung berücksichtigungsfähig sein können, wenn die Reise zur Heilung oder Linderung der Krankheit nachweislich notwendig ist und eine andere Behandlung nicht oder kaum erfolgversprechend erscheint. Zum Nachweis dieser Voraussetzungen sei regelmäßig erforderlich, daß der Steuerpflichtige ein vor Antritt der Kur ausgestelltes amts- oder vertrauensärztliches Zeugnis vorlege und sich am Zielort unter ärztlicher Kontrolle stehenden Kurmaßnahmen unterzieht.

Der *Senat* kann offenlassen, ob dieser Rechtsprechung des *BFH* im allgemeinen (Rechtsprechungs- und Literaturnachweise) oder im Hinblick auf die besonderen Umstände des Streitfalls zu folgen ist, da auch eine nachträgliche Beibringung eines Attestes (etwa nach einer Auflage des Gerichtes) der Klage nicht zum Erfolg verholfen hätte. Denn die Notwendigkeit der Aufwendungen für die Gesundung ist nicht nach der subjektiven Entscheidung des Steuerpflichtigen zu beurteilen, der von einer derartigen Fahrt Heilung oder Linderung seines Leidens erhofft. Vielmehr ist nach objektiven Merkmalen zu entscheiden, was zur Besserung eines Leidens und infolgedessen an Heilungs- und Kurkosten notwendig ist (Rechtsprechungs- und Literaturnachweise).

Die Pilgerfahrt oder pilgerfahrtähnliche Reise zu einem Geistheiler nach Brasilien ist jedoch nach § 33 I und II EStG deshalb nicht berücksichtigungsfähig, weil sie von der medizinischen Wissenschaft nicht als der Heilung oder Linderung der schwer erkrankten Mutter der Kl. dienend anerkannt worden wäre. Nur Aufwendungen, die nach der medizinischen Wissenschaft oder eines zumindest bedeutsameren Teils der Ärzteschaft für eine denkbare (mögliche) Behandlungsmethode getätigt werden (vgl. *BFH*, BStBl II 1981, 711 [unter 1a] zu den Aufwendungen für eine Frischzellen-Therapie), sind als außergewöhnliche Belastung berücksichtigungsfähig. Hierzu gehören Aufwendungen für den Besuch eines Geistheilers in Brasilien ebensowenig wie solche für eine Pilgerfahrt nach Lourdes oder Fatima (*BFH*, DStR 1954, 302).

Der *Senat* verkennt hierbei nicht, daß es Grenzbereiche gibt, die zwar nicht der Schulmedizin entsprechen, wohl aber von dieser als denkbare Behandlungsmethode anerkannt werden (etwa die Besprechung einer Gürtelrose oder die Besprechung von Warzen). Hierzu gehört aber der Besuch eines Geistheilers in Brasilien nicht.«

Der Bundesfinanzminister wird das Urteil als heilsames Signal gegen obskure Steuerminderungswünsche aufgefaßt haben. Es ist eben nicht so leicht, Krankheitsaufwendungen beim Finanzamt geltend zu machen.[25] Der Vollständigkeit halber sei noch erwähnt, daß es allerdings im geschäftlichen Bereich anerkannt ist, daß Krankheitskosten für typische Berufskrankheiten als Werbungskosten oder

Betriebsausgaben führen zu können. In einem Buch über kuriose Rechtsfälle, das sich in erster Linie an Juristen wendet, darf natürlich der Hinweis nicht fehlen, daß beispielsweise der Herzinfarkt eines gestreßten Rechtsanwalts[26] keine Berufskrankheit ist. Dies hat jedenfalls der Bundesfinanzhof im Zusammenhang mit der persönlichen Klage eines erkrankten Anwalts entschieden, weil »Herzinfarkte mit ihren Folgeerkrankungen erfahrungsgemäß nicht nur bei Angehörigen geistiger Berufe und bei Personen in leitender Stellung (»Manager«) auftreten, sondern bekanntlich auch bei Handwerkern, Arbeitern und Hausfrauen…«[27]

Schon bei den Römern spricht Horaz vom armen steuerzahlenden Volk: »Misera contribuens plebs!«

1 Vgl. Radbruch, Gustav/Gwinner, Heinrich: Geschichte des Verbrechens, S. 6; Hansen: Zauberwahn, Inquisition und Hexenprozess im Mittelalter und die Entstehung der großen Hexenverfolgung, 1900; Snell, Otto: Hexenprozesse und Geistesstörung, 1891; Spee, Friedrich v.: Cautio criminalis oder Rechtliche Bedenken wegen der Hexenprozesse, Deutsche Ausgabe von Joachim-Friedrich Ritter, Forschungen zur Geschichte des deutschen Strafrechts, Band I. 1939; Günther, Jörg-M.: Der Fall Rotkäppchen, S. 106.

2 Vgl. dazu Traxler, Hans: Die Wahrheit über Hänsel und Gretel, S. 67: »Aus Sachsen ist der Ausspruch eines Richters überliefert, der sich rühmte, 53 mal die Bibel gelesen und zwischendurch 20.000 Hexen dem Scheiterhaufen überliefert zu haben.«; vgl. auch FG München, NJW 1990, 1256.

3 Sprenger, Jacob/Institoris, Heinrich: Der Hexenhammer, 3 Teile, Nachdruck, München 1983.

4 Vgl. Radbruch, Gustav/Gwinner, Heinrich: Geschichte des Verbrechens, S. 195.

5 Vgl. Radbruch/Gwinner, S. 196.

6 Zitiert nach Radbruch/Gwinner: Geschichte des Verbrechens, S. 200 aus dem Werk Cautio Criminalis oder Rechtliche Bedenken wegen der Hexenprozesse, Nachdruck, München 1982.

7 Die letzte Hexe Europas wurde in Glarus geköpft.

8 Vgl. z. B. den Hexenküchenfall des BGH, wo der Täter mit Rezepturen aus der »Hexenküche« – Stechapfelsamen gemixt mit ähnlichen Kräutern – bei den Opfern rauschähnliche Zustände herbeiführen wollte: BGH, MDR 1979, 69.

9 FG München, NJW 1990, 1256.

10 Vgl. zum Namensschutz der katholischen Kirche BGH, NJW 1994, 245.

11 Vgl. dazu Deschner, Karlheinz: Die beleidigte Kirche, 1986, S. 31 ff.

12 FG München, Urt. v. 21.8.1989, 13 K 2047/89, NJW 1990, 1256.

13 Vgl. dazu jetzt auch HessVGH, DVBl., 1995, 166, wonach gegenüber Kirchensteuerforderungen kein Zurückbehaltungsrecht nach § 273 BGB besteht, wenn man mit dem, was die Kirche äußert oder tut, nicht einverstanden ist. Der Steuerpflichtige wollte die Kirchensteuer zurückbehalten, weil sich seiner Ansicht nach die Kirche gegen das Evangelium und die Grundordnung der Kirche geäußert hatte und sich nicht konform verhielt. Das Gericht akzeptierte dies nicht.

14 Das Verlangen dürfte unter Berücksichtigung der Wertungen in Art 4 GG (Schutz der Religionsfreiheit) nach § 138 BGB sittenwidrig sein. Wenn der Fabrikant wirklich androhen würde, daß er im Falle des Nichtaustritts aus der Kirche dem jeweiligen Arbeitnehmer kündigt, wäre dies sogar eine strafbare Nötigung nach § 240 StGB.

15 Zum ärztlichen Heilangriff vgl. Günther, Jörg-M.: Der Fall Max und Moritz, S. 50.

16 Zu medizinischen Außenseitermethoden siehe auch Günther, Jörg-M. Der Fall Max und Moritz. S. 50.

17 Vgl. Homburg, Peter: Heiler und Bürokraten, MDR 1994, S. 340: »Die Freiheit des Bürgers besteht auch gerade darin, an Wunder zu glauben, Unmögliches für möglich zu halten und umgekehrt.«; vgl. ferner Grochtmann, Harald: Unerklärliche Ereignisse, überprüfte Wunder und juristische Tatsachenfeststellung. 2. Aufl. 1990.

[18] Vgl. AG München, NJW 1987, 1425.
[19] Vgl. Homburg, Peter: MDR 1994, S. 340; gezahlte Honorare an Geist- und Wunderheiler verfallen übrigens nach § 73 StGB der Staatskasse.
[20] BGHSt. 8, 237 ff; BGH NJW 1978, 599.
[21] Homburg, Peter: Heiler und Bürokraten, MDR 1994, S. 340.
[22] FG Berlin, Urt. v. 1.8.1989, V 303/87, NJW 1990, 2960.
[23] Für eine generell andere Sichtweise bezüglich Geist- und Wunderheilern vgl. Homburg, Peter: Heiler und Bürokraten, MDR 1994, S. 339 ff.
[24] FG Berlin, NJW 1990, 2960.
[25] Vgl. dazu Schmidt-Heinicke: EStG, Kommentar, 12. Aufl., § 4 EStG, Stichwort »Krankheitskosten«.
[26] Von meinem Vater, dem Rechtsanwalt und Notar Horst Günther, stammt der wahre Ausspruch: »Ein Rechtsanwalt hat entweder zuviel zu tun oder zu wenig. Dazwischen gibt es nichts!«
[27] BFH, BStBl. 1969 II, S. 179.

VIII. Männer in Not

1. Menschliches Bedürfnis I

Die Würde des Mannes ist unantastbar.
Sie zu achten und zu schützen,
ist Verpflichtung aller staatlichen Gewalt.

FREI NACH ART. 1 DES GRUNDGESETZES

Das Berufsleben deutscher Polizeibeamter ist wirklich nicht einfach. Gerade im Zusammenhang mit polizeilichen Festnahmen nach § 127 StPO (vorläufige Festnahme)[1] kommt es in Streßsituationen immer wieder zu eklatanten Fehlgriffen[2]. Amtshaftungsansprüche der unschuldig Festgenommenen gegen den Staat können die Folge sein. Ein besonders spektakuläres Beispiel ist ein Fall aus der Polizeipraxis, über den das Landgericht Baden-Baden zu entscheiden hatte.[3] Er kann überengagiert-unsensiblen Polizeibeamten und engagiert-alkoholisierten Autofahrern gleichermaßen als besondere Warnung dienen.

Ein junger Mann – nennen wir ihn J – stand im berechtigten Verdacht, in betrunkenem Zustand auf einem Parkplatz ein anderes Fahrzeug beschädigt und sich dann aus dem Staub gemacht zu haben. Die zuständigen Polizeibeamten fuhren noch am Tattag zu den Eltern des Verdächtigen, weil J dort noch wohnte. Ziel war die vorläufige Festnahme, um eine Blutprobe zu nehmen. Man denkt unwillkürlich an das schöne Bonmot von Michael Schiff: Promille ist Sitzgelegenheit für Autofahrer (im Gefängnis). Bis hierhin also ein völlig normaler Fall, wie er täglich tausendfach auf unseren Straßen vorkommt. Schon bei Shakespeare heißt es im Othello: »Jedes Glas zu viel ist verflucht, und sein Inhalt ist ein Teufel!« Genauso denkt der deutsche Gesetzgeber bei Autofahrern (§ 315 c StGB):

»Wer im Straßenverkehr ein Fahrzeug führt, obwohl er infolge des Genusses alkoholischer Getränke oder anderer berauschender Mittel nicht in der Lage ist, das Fahrzeug sicher zu führen, und danach Leib und Leben eines anderen oder fremde Sachen von bedeutendem Wert gefährdet, wird mit Freiheitsstrafe bis zu fünf Jahren oder mit Geldstrafe bestraft.«

Noch schlimmer kommt es, wenn sich der Alkoholfahrt eine Unfallflucht[4] hinzugesellt. Da dies auch den Eltern von J klar war, verweigerten sie den Polizisten den Zutritt zum Zimmer ihres Sohnes, was übrigens unter engen Angehörigen keine Strafvereitelung darstellt[5]. Die Polizeibeamten walteten natürlich trotzdem ihres Amtes. Dafür sind sie schließlich da. Sie fanden den Sohn im Zimmer, genüßlich im Rausche auf seinem Bett liegend. Verständlich, daß er dort freiwillig nicht weg wollte. Ein Polizeigriff und das Fesseln der Hände auf den Rücken machten der unerträglichen Provokation des Rechtsstaats ein schnelles Ende und ihm Beine. Da verspürte der so Gefesselte ein akutes menschliches Bedürfnis, wie es sich gerade unter starkem Alkoholeinfluß erfahrungsgemäß verstärkt entwickelt. Die Polizisten – man ist ja kein Unmensch, und außerdem soll der Streifenwagen sauber bleiben – führten den potentiellen Täter zur Toilette. Im Bewußtsein treuer Pflichterfüllung verharrten die staatlichen Ordnungshüter im Toilettenraum, als J dort *gefesselt* urinierte. Die Handschellen trug er dabei immer noch *auf dem Rücken.* Da es sich bei ihm nicht um den legendären Entfesselungskünstler Houdini handelte, hatte J zuvor auch notgedrungen die Hilfe seiner Mutter bei der Öffnung seines Hosenladens in Anspruch nehmen müssen. Man denkt unwillkürlich bei dem Verhalten der Polizeibeamten an das wunderschöne Bonmont von Prof. Heinz Müller-Dietz:[6] »Des einen Freud ist des andern Komplex.« Wieder nüchtern verklagte J, der das ganze verständlicherweise wenig erfreulich fand, das Land auf Schmerzensgeld. Der unerträgliche Eingriff in seine Menschen- und Manneswürde müsse finanziell entschädigt werden.

Wie entscheidet man einen solch wahrhaft heiklen Fall, der eine Fernsehsatire deutscher Privatsender sein könnte? Bei dem ernsthaften Bemühen um eine nüchterne und rationale Bewertung der Vorgänge empfiehlt es sich, beim Polizeirecht anzusetzen: Wann darf ein deutscher Polizeibeamter Personen fesseln, und – am wichtigsten – wie darf er es? Die Antwort und den rechtlichen Rahmen können wir den Polizeigesetzen der Länder entnehmen. In § 62 des Polizeigesetzes NW heißt es zum Beispiel:

»Fesselung von Personen
Eine Person, die nach dem Gesetz oder anderen Rechtsvorschriften festgehalten wird, kann gefesselt werden, wenn Tatsachen die Annahme rechtfertigen, daß sie
1. Polizeivollzugsbeamte oder Dritte angreifen, Widerstand leisten oder Sachen von nicht geringem Wert beschädigen wird,
2. fliehen wird oder befreit werden soll oder
3. sich töten oder verletzen wird.«

Wie die eigentliche Fesselung zu erfolgen hat, kann man schließlich im Polizeilexikon nachlesen:[7]
»Fesselung, eine besondere Form der Anwendung unmittelbaren Zwanges, die einem rechtmäßig festgehaltenen Betroffenen den Gebrauch seiner Glieder oder eines Teils seiner Glieder unmöglich macht. Mindesterfordernis ist die Ausschaltung der Gebrauchsmöglichkeit der Hände. Zur Fesselung sind in der Regel die dienstlich zugewiesenen Schließketten, Schließzangen oder sonstigen Geräte zu verwenden.«
Die Polizeibeamten hatten das Stichwort offenbar sehr gründlich gelesen – dem

Kläger wurde in der Tat der Gebrauch »eines Teils seiner Glieder« unmöglich gemacht. Trotzdem akzeptierte aber das zuständige Gericht im Rahmen der Schmerzensgeldklage die Art der Fesselung nicht. Und zwar aus folgenden Gründen:[8]

»Gemäß den §§ 823 I, 839 I, 847 I BGB, Art. 34 GG hat das beklagte Land dem Kläger 600 DM als billige Entschädigung für die schwere Beeinträchtigung des allgemeinen Persönlichkeitsrechtes zu zahlen, die der Kläger durch die Verhaltensweise der beiden Polizeibeamten im Zusammenhang mit der vorläufigen Festnahme am 1.9.1988 erlitten hat. Nach Art. 1 I GG ist die Würde des Menschen unantastbar und ist es Verpflichtung aller stattlichen Gewalt, diese Würde zu achten und zu schützen. Das unter anderem hieraus abgeleitete allgemeine Persönlichkeitsrecht, das als wichtigen Teilbereich die Intimsphäre des Menschen umfaßt, zählt zu den durch § 823 I BGB geschützten absoluten Rechten. Die Polizeibeamten S und H, für deren Verhaltensweise das Land gem. Art. 34 GG einzustehen hat, haben die Intimsphäre des Klägers widerrechtlich und schuldhaft verletzt, indem sie den Kläger beim Aufsuchen der Toilette weder ganz noch teilweise von den Handschellen befreiten, so daß er mit auf dem Rücken gefesselten Händen im nahen Beisein der zwei Polizeibeamten urinieren mußte, nachdem ihm seine Mutter – er selbst war hierzu wegen der Fesselung nicht in der Lage – die Hose geöffnet hatte [...].

Im Streitfall war es nicht notwendig, den Kläger so zu fesseln, daß er nicht einmal ohne Hilfe anderer Personen urinieren konnte. Da der Kläger nicht im Verdacht einer schweren Straftat mit entsprechend gewichtigen Folgen stand, hätten ihm die Fesseln beim Besuch der Toilette abgenommen werden können. Der Einwand, der Kläger hätte sich eventuell freikämpfen können, [...] läßt einen hinreichend substantiierten Tatsachenvortrag vermissen, da die Behauptung, der Kläger habe sich erheblich aggressiv verhalten, keine konkrete Tatsache, sondern eine Wertung beinhaltet [...]. Auch der weitere Einwand, der Kläger hätte eventuell aus dem Fenster springen, sich dabei verletzen und den Polizeibeamten dadurch Unzuträglichkeiten bereiten können, wurde durch keinen konkreten Tatsachenvortrag gestützt, so daß davon auszugehen ist, daß diese Befürchtung auf einer rein theoretischen Annahme beruht.

Selbst wenn aber solche Befürchtungen aufgrund konkreter Umstände nahegelegen hätten, wäre es ohne große Phantasie möglich gewesen, die Intimsphäre des Klägers zu wahren, wenn man den Kläger z. B. veranlaßt hätte, die Toilettentür etwas geöffnet zu lassen. Der Kläger hätte dann ungefesselt und ohne die unmittelbare Anwesenheit dritter Personen urinieren können, ohne eine Chance zu haben, sich durch einen riskanten Sprung aus einem eventuell offenen Fenster dem polizeilichen Zugriff zu entziehen. Selbst wenn dies aus irgendwelchen konkreten Gründen zu gefährlich erschienen wäre, hätten die Polizeibeamten dem Kläger die Sache ohne weiteres erleichtern können, wenn sie ihm die Hände nicht auf dem Rücken, sondern vor dem Körper gefesselt und ihm dadurch ermöglicht hätten, selbst die Hose zu öffnen, den Penis herauszunehmen und eben ohne fremde Hilfe und ohne Zuschauer zu urinieren.

Da die Polizeibeamten von diesen nur beispielhaft und keineswegs erschöpfend aufgezählten Möglichkeiten der Wahrung der Intimsphäre des Klägers keinen Gebrauch gemacht haben, verstießen sie gegen das Verbot des Übermaßes, verletzten damit eine dem betroffenen Kläger gegenüber bestehende Amtspflicht und handelten rechtswidrig.

Sie handelten auch schuldhaft. Es sind allerdings keine Anzeichen dafür vorhanden, daß sich die beiden Polizeibeamten der Rechtswidrigkeit ihres Vorgehens bewußt waren und sich über daraus resultierende Bedenken hinwegsetzten. Bei Beobachtung der gebotenen Sorgfalt, zu der die Beamten aufgrund ihrer beruflichen Ausbildung und Schulung fähig waren, hätten sie die Rechtswidrigkeit vorausschauend ohne weiteres erkennen können. Da sie diese Sorgfalt außer Acht ließen, ist ihnen Fahrlässigkeit vorzuwerfen. Dem Kläger steht aufgrund dieser Verletzung seines allgemeinen Persönlichkeitsrechts gem. § 849 BGB ein Anspruch auf Schmerzensgeld zu; denn es handelt sich um eine schwere Verletzung der Intimsphäre, für die sich keine anderen Genugtuungsmöglichkeiten eröffnen.

Das beklagte Land hat in mehrfacher Weise versucht, die Beeinträchtigung des Klägers zu bagatellisieren. Die Kammer vermag dem allerdings nicht zu folgen. Soweit vorgebracht wird, die Szene habe sich unter Männern abgespielt, wobei der Intimvorgang in der bestehenden Gefahrenlage für die Polizeibeamten ohne jedes Interesse gewesen sei, ist zu bedenken, daß die unmittelbare Nähe auch von nicht sonderlich interessanten, aber zuschauenden und zuhörenden Fremdpersonen bei dem Intimgeschehen der Notdurft peinlich, störend und beschämend ist. Wenn das beklagte Land ferner ausführt, es sei keineswegs ungewöhnlich, daß die eigene Mutter ihrem Sohn den Hosenladen öffne, vermag die Kammer dieser These – jedenfalls aufgrund allgemeiner Lebenserfahrung und soweit es sich um bereits erwachsene Söhne handelt – nicht zu folgen. Soweit das beklagte Land das Persönlichkeitsrecht des Klägers schließlich sogar als dekadent bezeichnet, verkennt es, daß Menschenwürde ihren Grund nicht etwa in einem Wohlverhalten, sondern schlichtweg in der Existenz des Menschen hat, jedem Menschen eigen und bei jedem Menschen zu achten und zu schützen ist.

Ein Schmerzensgeld von 600 DM ist nach Auffassung der Kammer der angemessene Ausgleich für die dem Kläger zugefügte Verletzung der Intimsphäre.«

Das Urteil ist ein Glanzlicht der Rechtsprechung. Außerdem belegt es anschaulich die Richtigkeit des alten römischen Spruchs »Pecunia non olet«, d. h.: Geld stinkt nicht! Das geflügelte Wort geht auf einen Ausspruch Kaiser Titus Flavius Vespasianus zurück.[9] Als ihn sein Sohn Titus wegen einer für Bedürfnisanstalten eingeführten Steuer kritisiert hatte, hielt ihm der Kaiser das allererste aus dieser Steuer eingenommene Geld vor die Nase und fragte ihn provozierend, ob es denn röche. Als sein Sohn die Frage verneinte, sagte er: »Und dennoch ist es aus Harn«. In ähnlicher Weise kann sich im vorliegenden Fall der Kläger gegen den hämischen Vorwurf wappnen, er habe sich bei der Realisierung eines normalen menschlichen Bedürfnisses fragwürdiges Geld verdient. Angesichts der massiven Eingriffe in sein Persönlichkeitsrecht, war es nur recht und billig, daß ihm das Gericht ein Schmerzensgeld zubilligte.

2. Menschliches Bedürfnis II

Nicht immer ist sich der Mensch
in seinem dunklen Drange
des rechten Weges wohl bewußt.

Landgericht Itzehohe, Urt. v. 9.12.1988, 3 O 271/88

Im Alltag lauern überall Gefahren. Selbst bei so alltäglichen Vorgängen wie dem Besuch von Restaurants kann es zu den absonderlichsten Unfällen kommen. Juristischer Ärger ist dann vielfach geradezu vorprogrammiert. Diese leidvolle Erfahrung mußte auch ein Kläger machen, der nach einem Restaurantbesuch vor dem Lokal eine dunkle Steintreppe hinunterstürzte und von der Gastwirtin rund 11.000 DM Schmerzensgeld verlangte. Mit seiner Klage fiel er beim Landgericht Itzehohe auch juristisch auf die Nase.[10] Wie es dazu kam, können wir dem Urteil entnehmen, aus dem (fast) alle Einzelheiten des tragischen Sturzes hervorgehen. Folgendes ist dort zu den Unfallumständen ausgeführt:[11]

»Der Kläger ging in der Nacht vom 12. zum 13. September 1987 nach dem Besuch eines italienischen Restaurants und anschließendem Bummel durch die City mit seiner Ehefrau durch einen dunklen Gang zwischen der Straße und einem Parkplatz, wo er seinen PKW abgestellt hatte. Da kam ihn ein Bedürfnis an.

Während seine Frau voraus ging, trat er zwecks Verrichtung nach links an eine völlig unbeleuchtete Unterbrechung der Häuserwand und fiel dort eine steinerne Treppe hinunter, die zum Keller des Anwesens der Beklagten führt. Dabei brach er sich das linke Handgelenk und erlitt Prellungen an der linken Schulter, an der linken Hüfte und am Kopf.

Noch zur Örtlichkeit: Der dunkle Gang ist etwa 2,50 m breit. Er ist bis dicht an die rechte Häuserzeile mit drei Reihen Gehwegplatten belegt. Links schließt sich ein wohl knapp einen Meter breiter Rand oder Sandstreifen an, der von abgedeckten Kellerschächten der jeweiligen Häuser unterbrochen wird. Vor der Kellertreppe liegt zunächst ein Fußrost und dann, vielleicht 20 cm breit, der waagerechte Teil der ersten Betonstufe, wenige Zentimeter erhöht. Ein Gitter oder sonstige Absperrung befindet sich vor dem Abgang nicht [...].

Der Kläger verlangt materiellen Schadensersatz und Schmerzensgeld.

Im Durchgang sei es völlig dunkel gewesen. Das Restaurant – zu Beginn des Durchgangs linker Hand – habe bereits geschlossen gehabt. Er habe angenommen, daß links der Häuserzeile eine Nische sei und habe diese Stelle benutzen wollen, seinem Bedürfnis abzuhelfen. Dabei sei er sofort ins Leere getreten und nach unten gestürzt. Die Beklagte, so meint der Kläger, habe mangels jedweder Sicherung der Treppe ihre Verkehrssicherungspflicht verletzt und müsse ihm Schadenersatz leisten [...].

Der Kläger beantragt, a) an den Kläger 10.856,40 DM zu zahlen, b) an den Kläger ein angemessenes Schmerzensgeld zu zahlen, dessen Höhe in das Ermessen des Gerichts gestellt wird [...].

Die Beklagte beantragt, die Klage abzuweisen. Sie macht geltend: Der Durchgang werde von umliegenden Straßenlaternen und insbesondere von einer Leuchte am Hause der Beklagten ausreichend beleuchtet (Beweis Augenschein). Der Treppenniedergang befindet sich deut-

Ah! Qui de nous, messieurs, devant l'immensité de nos malheurs ne sent s'élever son cœur et quitter pour jamais les sphères étroites des intérêts d'un jour!!

lich abseits des Plattenweges. Dort habe niemand etwas zu suchen. Der Unfallhergang sei zu bestreiten. Der Kläger sei, wenn überhaupt, infolge Trunkenheit gestürzt.

Er sei nicht befugt gewesen, in den Kellerniedergang zu pinkeln. Wer sich in eine dunkle Nische begebe, trage das dort lauernde Risiko. Weiter bestreitet die Beklagte den Umfang der Verletzungen und die Höhe der Schäden.«

Soweit so gut. Wie würden Sie entscheiden? Das LG Itzehohe schlug sich mit überzeugenden Gründen auf die Seite der Restaurantbesitzerin:

Entscheidungsgründe:
»Die Klage ist nicht begründet.
In Betracht kam die Schadensersatzpflicht der Beklagten aus dem Gesichtspunkt der Verletzung einer Verkehrssicherungspflicht nach § 823 BGB. Insoweit geht es nicht um den Gang selbst, sondern um die Unterbrechung der Hauswand am Anwesen der Beklagten. Hier liegt in der Tat mangels eines Schutzgeländers eine Gefahrenquelle für jeden, der bei Dunkelheit vom Wege abweicht und in diese Lücke tritt. Dafür aber hat die Beklagte nicht den Verkehr eröffnet, schon gar nicht zu dem Zwecke, den der Kläger verfolgte. Der zur Begehung freigegebene Fußweg wird begrenzt durch die Gehwegplatten. Links daneben befinden sich verschiedene Hindernisse, so ein Treppenaufgang zu einer Arztpraxis, dann einige Kellerschächte, über die man stolpern kann und ein zweistufiger Hauseingang. Damit und durch den unterschiedlichen Bodenbelag wird die seitliche Begrenzung des Fußsteiges hinreichend deutlich. Hinzu kommt, daß vor dem Treppenabgang ein Fußrost liegt und im Anschluß daran, wenn auch nur schwach erhöht, die waagerechte Fläche der ersten Treppenstufe. Ob es anschließend nach oben geht oder nach unten oder geradeaus weiter, spielt keine Rolle. Nach den örtlichen Verhältnissen, wie sie sich dem Begeher dieses dunklen Ganges darstellen, muß mit allem gerechnet werden. Hier eine zusätzliche Schutzvorrichtung zu verlangen, würde eine Überspannung der Verkehrssicherungspflicht bedeuten. Dabei ist zu bedenken, daß die Treppe ja keineswegs zu einer Wohnung oder zu einem öffentlichen Lokal führt, sondern zu einem nur von der Beklagten bzw. ihren Mietern benutzten Bier- und Vorratskeller.

Sollte man eine Verletzung der Verkehrssicherungspflicht dennoch bejahen, so wäre das Verschulden der Beklagten jedenfalls so gering zu veranschlagen, daß demgegenüber das Mitverschulden des Klägers erdrückendes Übergewicht hat und ihm aus diesem Grunde auch nicht nur ein geringerer Bruchteil seines Schadens zu ersetzen wäre. Der Kläger ist nämlich bewußt ins Dunkle getappt, ohne zu wissen, wohin es geht, und ohne sich demgemäß vorzutasten und ohne des auffällig sich veränderten Untergrundes zu achten. Wie konnte er überhaupt annehmen, daß es sich um eine Nische zu ebener Erde handelt, anstatt um eine Treppe nach oben oder nach unten? Nichts deutete, wenn es so dunkel war, wie er behauptet, für ihn darauf hin. Ob die Erklärung für seine geradezu leichtfertige Sorglosigkeit im vorangegangenen Alkoholgenuß oder im Ungestüm seines Bedürfnisses oder sonstwo zu suchen ist, bleibt müßige und rechtlich unerhebliche Frage. Das Gewicht seiner Eigenschuld wird zusätzlich geprägt durch sein unlöbliches Vorhaben; er war »nicht befugt«, man könnte sogar denken an Hausfriedensbruch und Sachbeschädigung in freilich mildester, keinesfalls verfolgungswürdiger Spielart.

Nicht immer ist sich der Mensch in seinem dunklen Drange des rechten Weges wohl bewußt, soll aber dann nicht andere dafür haftbar machen.«

Gerade die Schlußpassage verdient wegen der rechtsphilosophischen Ansätze unsere besondere Aufmerksamkeit. Man freut sich einfach, wenn im juristischen Tagesgeschäft, welches leider allzuoft von Routine geprägt und eintönig ist, doch einmal in einem Urteil Raum für tiefsinnigere Betrachtungen bleibt. Außerdem zählt die Sequenz über den dunklen Drang des Menschen sicher zu den schönsten Beispielen lebendiger und kulturell hochstehender deutscher Rechtssprache, die den internationalen Vergleich wahrlich nicht zu scheuen braucht.[12] Ohne Übertreibung kann man für das Urteil die Wertung abgeben: Literarisch besonders wertvoll! Man wird unweigerlich an den großen Dichter und weniger großen Juristen Goethe erinnert, der sich auch mit dem dunklen Drange von Menschen befaßt hat und hier Pate gestanden haben könnte. Näherliegend ist aber ein Blick auf Konfuzius, der uns lehrte:

»Es ist besser, ein kleines Licht anzuzünden, als über die große Dunkelheit zu fluchen.«

Hätte der Kläger seinen Konfuzius gelesen und sich auf dem Weg zum Treppenabsatz daran erinnert, wäre er nicht zu Schaden gekommen.

---

[1] § 127 StPO
Vorläufige Festnahme:
»(1) Wird jemand auf frischer Tat betroffen oder verfolgt, so ist, wenn er der Flucht verdächtig ist oder seine Identität nicht sofort festgestellt werden kann, jedermann befugt, ihn auch ohne richterliche Anordnung vorläufig festzunehmen. Die Feststellung der Identität einer Person durch die Staatsanwaltschaft oder die Beamten des Polizeidienstes bestimmt sich nach § 163 b Abs. 1.
(2) Die Staatsanwaltschaft und die Beamten des Polizeidienstes sind bei Gefahr im Verzuge auch dann zur vorläufigen Festnahme befugt, wenn die Voraussetzungen eines Haftbefehls oder eines Unterbringungsbefehls vorliegen.«
[2] Vgl. in dem Zusammenhang auch die Entscheidung zum sogenannten »Hamburger Kessel«, LG Hamburg, NVwZ 1987, 833.
[3] LG Baden-Baden, Urt. v. 30.11.1990, 2 O 135/90, NVwZ 1991, 1118.
[4] Vgl. 142 StGB.
[5] Vgl. § 258 Abs. 6 StGB.
[6] Vgl. Müller-Dietz, Heinz: Alles war Recht ist, S. 64.
[7] Vgl. Rupprecht, Reinhard (Hrsg.): Polizei Lexikon, Heidelberg 1986, S. 148-149, Stichwort »Fesselung«.
[8] LG Baden-Baden, NVwZ 1991, 1118.
[9] Vgl. dazu Büchmann, Georg: Geflügelte Worte, S. 600.
[10] LG Itzehohe, Urt. v. 9.12.1988, 3 O 271/88.
[11] LG Itzehohe, 3 O 217/88.
[12] Vgl. dazu Vorpeil, Klaus: Urteilsprache im internationalen Vergleich, NJW 1994, S. 1925.

IX. Die Würde des Gerichts

1. Der Schlaf der Gerechten

Ich denke einen langen Schlaf zu tun,
Denn dieser letzten Tage Qual war groß;
Sorgt, daß sie nicht zu zeitig mich erwecken.

FRIEDRICH VON HAGEDORN

Richter sind auch nur Menschen. Es kann deshalb niemand ernsthaft verwundern, daß sich die Justizpraxis immer wieder einmal mit Richtern befassen muß, die in einer offiziellen Gerichtsverhandlung eingeschlafen sind. Stundenlanges Sitzen in vielfach schlecht gelüfteten und überheizten Gerichtssälen[1] und die Langatmigkeit vieler Verfahren läßt manchen Richter am Richtertisch sanft in Orpheus' Arme fallen.[2] Dabei ist juristisch gesehen Schlaf aber nicht gleich Schlaf.[3] Der Schlaf der Gerechten[4] spielt rechtlich eine Sonderrolle. Bei einem Richter kann nämlich das längere Schließen der Augen – gemeinhin ein Indiz für Schlaf – durchaus nur »Zeichen allergrößter Konzentration« sein.[5] Ob alle anderen im Gerichtssaal – natürlich vorschnell – überzeugt waren, der irdische Vertreter Justitias sei eingeschlafen gewesen, ist egal. Wie heißt es so schön in einem Urteil des Bundesverwaltungsgerichts.[6]

»Ein Richter, der während eines Teils der Hauptverhandlung die Augen schließt, kann hierdurch sehr wohl den Anschein erwecken, er schlafe und könne daher einen Teil der Verhandlungsvorgänge nicht aufnehmen. Der bloße Umstand, daß er einen solchen Eindruck hervorruft ist aber kein Verfahrensverstoß.«

Der Prozeß mußte nicht neu aufgerollt werden. Justitia wurde so aus einer großen Verlegenheit befreit. Das gelingt aber nicht immer. Wie es um den Schlaf in deutschen Gerichtssälen bestellt ist, soll an einigen prägnanten – und hoffentlich nicht einschläfernden – Beispielen aus der deutschen Justizgeschichte deutlich gemacht werden:[7]

a) Reichsgericht Strafsenat: Urt. vom 22.1.1926, RGSt. 60, 64
»Die Revision rügt: Das erkennende Gericht sei nicht vorschriftsmäßig besetzt gewesen, weil einer der Schöffen »nahezu während der ganzen Sitzung« geschlafen habe. In der bisherigen Rechtsprechung des Reichsgerichts wurde angenommen, daß der absolute Revisionsgrund des § 338 Nr. 1 StPO nur dann gegeben sei, wenn ein Richter bei dem Urteil mitgewirkt habe, der nicht in gesetzlicher Weise berufen war. Demgemäß wurden die Voraussetzungen der genannten Gesetzesbestimmung nicht für vorliegend erachtet, wenn ein Geschworener oder ein anderer Richter in der Sitzung geschlafen hatte. Der erkennende Senat ist der Ansicht, daß an dieser Rechtsprechung nicht festgehalten werden kann. Ein Gericht ist auch dann nicht vorschriftsmäßig besetzt, wenn einer der Richter unfähig ist, die Vorgänge in

Non, Messieurs, non! on n'arrête pas la pensée pas plus que l'on n'arrête le cours du soleil ...

der Hauptverhandlung wahrzunehmen. Aus diesem Grund können auch Blinde und Taube nicht das Amt des Richters ausüben, obwohl ein ausdrückliches gesetzliches Verbot nicht besteht.

Dem muß gleichgeachtet werden, wenn ein Richter oder Schöffe in so tiefen Schlaf verfallen ist, daß er die Vorgänge in der Hauptverhandlung nicht mehr wahrnimmt. Einer Entscheidung der Vereinigten Strafsenate über die Rechtsfrage bedarf es jedoch nicht, da tatsächlich weder bewiesen noch glaubhaft gemacht ist, daß einer der Schöffen in der Hauptverhandlung vom 19. Mai 1925 geschlafen hat. Die Aussagen der Zeugen gehen hierüber auseinander. Zeichen großer Ermüdung, Neigung zum Schlafen, Kämpfen mit dem Schlaf sind noch kein sicherer Beweis, daß der Schöffe die Vorgänge in der Hauptverhandlung nicht mehr wahrnehmen konnte. Selbst ein einmaliger oder gelegentlicher »schnarchender Ton« wie ihn die beiden unmittelbaren Nachbarn des Schöffen bekundet haben, kann noch auf andere Weise gedeutet werden. Jedenfalls schließt er nicht aus, daß der Schöffe – vielleicht gerade infolge des von ihm verursachten Geräusches – »gleich« wieder munter geworden ist. Eine andere Beurteilung müßte dann eintreten, wenn der Schöffe fortgesetzt, häufig oder wenigstens bald nacheinander Schnarchlaute von sich gegeben hätte, die eine kurze, nach Lage des Falls unerhebliche Zeitspanne überschreiten. Dies ist nach den Bekundungen der Zeugen nicht geschehen.«

b) Bundesgerichtshof: 2. Strafsenat, Urt. vom 23.11.1951, BGHSt 2, 14
»Die Revision behauptet eine Verletzung des § 338 Nr. 1 StPO, weil ein »Schöffe während der Verhandlung fest eingeschlafen« sei. Hierzu hat der Justizwachtmeister, der während der Verhandlung Dienst tat, erklärt, »die Unaufmerksamkeit des Schöffen« könne »nur einen ganz kurzen Augenblick gedauert« haben. Nach der Äußerung des Protokollführers kann der Schöffe »nicht sehr lange« geschlafen haben. Der Schöffe selbst will der Verhandlung gefolgt sein. Er schließt seine Erklärung mit dem Satz: »Sollte ich wirklich einen Moment eingenickt sein, so hat solches auf meine Wahrnehmung keinen Einfluß gehabt, da mich der Protokollführer, der neben mir saß, gleich angestoßen hat«. Danach ist der Schöffe offensichtlich nur ganz vorübergehend in seiner Aufmerksamkeit durch Ermüdungserscheinungen beeinträchtigt gewesen. Eine unvorschriftsmäßige Besetzung des Gerichts liegt darin noch nicht. Die Erfahrung lehrt, daß bei längeren und schwierigeren Verhandlungen nicht alle Gerichtspersonen und Prozeßbeteiligten *jeder* Einzelheit folgen können. Die Schlußanträge und die Beratung sorgen dafür, daß der gesamte Verhandlungsstoff allen Richtern zur Kenntnis gelangt und deshalb bei der Entscheidung berücksichtigt wird. Nur wenn ein Schöffe einen nicht unerheblichen Zeitraum fest geschlafen hat, so daß er wesentlichen Vorgängen, die sich während dieses Zeitraums ereigneten, nicht folgen konnte, ist eine Verletzung des § 338 Nr. 1 StPO gegeben (RGSt 60, 63; RG in JW 1932, 2888 und 1936, 3473). Denn in einem solchen Falle ist eine allseitige Unterrichtung und eine eigene Meinungsbildung des Schöffen über das Verhandlungsergebnis in Frage gestellt. Nach den wiedergegebenen dienstlichen Erklärungen ist dies bei dem Schöffen B nicht der Fall gewesen. Die Rüge kann deshalb keinen Erfolg haben.«

Der Angeklagte wurde übrigens vom (hellwachen) Gericht wegen Volltrunkenheit verurteilt.

c) Bundesverwaltungsgericht: Urt. vom 31.1.1980, 3 C 118/79[8]
Das angefochtene Urteil beruht auf einer Verletzung von Bundesrecht, weil das Beru-

fungsgericht (BerGer.) in der mündlichen Verhandlung, aufgrund deren das angefochtene Urteil ergangen ist, nicht vorschriftsmäßig besetzt war (§ 138 Nr. 1 VwGO) […].

Nach dem Ergebnis der vom Revisionsgericht (RevGer.) durchgeführten Beweisaufnahme sieht der erkennende *Senat* es als erwiesen an, daß die Richterin A in der ein- bis eineinhalbstündigen Berufungsverhandlung mehrmals während mehrere Minuten dauernder Zeiträume geistig abwesend war und das Prozeßgeschehen nicht aufgenommen hat. Die Zeugen haben übereinstimmend ausgesagt, daß die Richterin einen abgespannten, indisponierten Allgemeineindruck vermittelt habe; sie sei geistig abwesend erschienen und habe über zwei bis drei Zeitspannen jeweils mehrere Minuten nach vorn übergebeugt mit geschlossenen Augen am Richtertisch gesessen. Wenn sie mit dem Kopf hochgekommen sei, habe sie offensichtlich Schwierigkeiten gehabt, sich in das Verhandlungsgeschehen wieder einzuordnen.

Der Zeuge B hat seinen Gesamteindruck dahin umrissen, daß die Richterin, wäre sie nach der Verhandlung über das Verhandlungsgeschehen befragt worden, keine ausreichende Antwort hätte geben können. Die Phasen der Abwesenheit hat die Zeugin C mit ca. 15 Minuten angegeben, während der Zeuge D von jeweils schätzungsweise 4 bis 8 Minuten gesprochen hat.

An der Glaubwürdigkeit dieser Zeugenaussagen hegt der *Senat* keinen Zweifel; solche Zweifel sind auch von keinem Beteiligten geäußert worden. Von besonderer Bedeutung für die Überzeugungsbildung des *Senats* dahin, daß die Richterin während mehrerer Zeitspannen dem Verhandlungsgeschehen nicht gefolgt ist, ist die Aussage des Zeugen Dr. Z. Er hat erklärt, er könne als Humanmediziner besser als andere beurteilen, ob ein Mensch die Augen geschlossen habe, weil er sich stark konzentriere, oder ob er geistig abwesend sei; auch durch seine Vorlesungstätigkeit sei sein Blick geschult; er könne daher ausschließen, daß die Richterin während der Verhandlung lediglich (gemeint ist: aus Gründen der Konzentration) die Augen geschlossen gehabt habe […].

Auch die dienstliche Äußerung der Richterin, sie sei in der mündlichen Verhandlung nicht eingeschlafen, vermag den erkennenden *Senat* zu keiner anderen Beurteilung zu veranlassen. Daß die Richterin (mehrmals) geschlafen habe, sieht der *Senat* zwar nicht mit der erforderlichen Gewißheit als erwiesen an. Er ist aber aufgrund des Ergebnisses der Beweisaufnahme davon überzeugt, daß sie während mehrerer Zeiträume geistig abwesend war. Wenn die Richterin sich darüber hinaus dienstlich dahin geäußert hat, sie habe den Gang der Verhandlung von Anfang bis Ende mit Aufmerksamkeit verfolgt, so mag dies ihre nachträgliche subjektive Erinnerung sein, die jedoch nicht die aufgrund der Zeugenaussagen gewonnene Überzeugung des *Senats* zu erschüttern vermag, daß die Richterin in der etwa eineinhalbstündigen Berufungsverhandlung während mehrerer, jeweils Minuten andauernden Zeitspannen nicht in der Lage war, wesentlichen Vorgängen der Verhandlung zu folgen und sich einen hinreichenden Eindruck von allen Umständen zu verschaffen, die im Rahmen einer sachgerechten Entscheidung zu würdigen sind.«

Die Beispiele zeigen, daß – wie überall im Leben – auch bei Prozeßbeteiligten physische und psychische Defizite auftreten können.[9] Richter und Richterinnen, die im Prozeß entschlummern und flammende Plädoyers im Ringen um das Recht auf diese Weise einfach schlichtweg verpassen, sind allerdings keine Zierde des Rechtsstaats und schaden der Würde der Justiz[10]. Andererseits sollte man jedoch für solche gelegentlichen Ausfallerscheinungen durchaus ein wenig Verständnis haben[11], denn Rechtsprechungsroboter will doch wohl in einem Rechtsstaat niemand.[12]

2. Schmutzige Hosen vor Gericht

Die Würde beherrscht den Gerichtsraum, weil in ihm
die von der Gesellschaft gewünschte und anerkannte dritte
Gewalt des Staates die Funktion der Rechtswahrung ausübt.

OLG HAMM, NJW 1969, 1920

Das Gerichtsverfassungsgesetz beschützt im Prozeß die bedauernswerte Justitia nicht vor sanft in Orpheus' Armen schlummernden Richtern. Streng bestraft werden aber nach § 178 GVG Rechtsanwälte, Angeklagte, Beklagte, Kläger und Zuschauer, wenn sie ihrerseits die »Würde« des hohen Gerichts verletzen. Man nennt dies »Ungebühr vor Gericht«. Als Ungebühr haben in der Vergangenheit Gerichte zum Beispiel folgende Verhaltensweisen angesehen:[13]

»Das Dazwischenreden trotz wiederholter Vermahnung, Tätlichkeiten jeder Art, frecher oder höhnischer Ton, Erscheinen in stark betrunkenem Zustand, unter Umständen Beifallklatschen im Gerichtssaal, Pfiffe und lautes Schreien, Essen im Gerichtssaal, demonstratives Zeitungslesen, ungehörige Äußerungen, in ungebührlicher Form angebrachte Ankündigung eines Rechtsmittels, Mißfallenskundgebungen und anderes.«

Besonders umstritten sind die Fälle, wo es um Bekleidungsfragen geht. Die Gerichte verlangen, daß man vor den ehrwürdigen Pforten der Justiz »angemessen« gewandet erscheint und vor allem auch bleibt.[14] So heißt es in einem Beschluß des Oberlandesgerichts Hamm:[15] »Eine Verletzung der Würde des Gerichts liegt z. B. dann vor, wenn etwa ein Angeklagter oder ein Zeuge oder eine Prozeßpartei, unter Umständen auch ein Zuhörer, provokatorisch auffällig verkleidet – mit Perücken, Roben, Kostümen und ähnlichem – oder unziemlich bekleidet erscheint oder sich gar im Gerichtssaal entblößt.«[16] Doch was ist gegenüber einem Gericht angemessen? So kann das Erscheinen in ledernen Sepplhosen vor bayrischen Gerichten absolut in Ordnung und sogar für das Prozeßklima förderlich sein, während es vor Kölner und Hamburger Gerichten völliges Unverständnis und Ablehnung hervorrufen könnte.[17] Unstreitig dürfte aber sein, daß ein Auftritt vor Gericht in schmutziger Kleidung als ahndungswürdiger Affront gegen die Justizwürde gilt. Als Musterbeispiel kann eine Entscheidung des Oberlandesgerichts Düsseldorf um eine verdreckte kurze Hose herangezogen werden:[18]

»Die Grenze zu ungebührlichem Verhalten ist dann überschritten, wenn der Betreffende bewußt aus dem Rahmen fallen will oder eine besondere Nachlässigkeit vorliegt (Rechtsprechungs- und Literaturnachweise).
Letzteres ist hier der Fall. Der Betroffene ist in kurzer, weißer, *schmutziger* Hose und kurzärmligem Hemd vor Gericht erschienen. Einen einleuchtenden Grund für ein Erscheinen in diesem Aufzug hat er nicht angegeben. Daß er – wie er erklärt hat – von der Arbeit kam, ist

— Messieurs, je veux l'ordre dans la liberté, la liberté, dans l'ordre, l'ordre
dans la discussion libre, la discussion dans la loi, la loi dans le progrès,
le progrès dans la liberté ; voilà ce que je veux !......

kein solcher Grund. Es ist nicht ersichtlich, daß er sich nicht vor dem Termin zumindest mit einer in ordentlichem Zustand befindlichen *sauberen* Hose hätte bekleiden können. Dies war ihm auch zumutbar. Da er bereits Wochen vor dem Termin die Ladung erhalten hatte, konnte er diesen in seinen Tages- und Arbeitsablauf einplanen.

Der Betroffen hat auch schuldhaft gehandelt. Zwar hat er geltend gemacht, er habe nicht gewußt, daß es verboten sei, »so vor Gericht zu erscheinen«. Dies ist nicht glaubhaft. Daß der Institution, die im Namen des Volkes die rechtsprechende Gewalt ausübt, von jedermann die schuldige Achtung zu erweisen ist und dazu ein Erscheinen in angemessener Kleidung vor Gericht gehört, versteht sich für jeden einsichtigen Staatsbürger von selbst (vgl. *BVerfG*, DRiZ 1966, 356).«

Damit der Staatsbürger in kurzen Hosen sich das auch richtig merkte, wurde vom OLG Düsseldorf die Beschwerde gegen das vom Amtsgericht verhängte Ordnungsgeld von 100 DM, »*ersatzweise vier Tage Ordnungshaft*«, verworfen.[19] Eine konsequente Gerichtsentscheidung: Kurz und schmerzvoll!

3. Die Beatles-Frisur

*Die Würde des Gerichts wird dadurch überhaupt
nicht berührt, daß ein Beschuldigter oder ein
Zeuge durch einen »Pilzkopf« auffallen will.*

OLG München, Beschl. v. 14.7.1966, Ws 608/66

Überraschend liberal zeigte sich vor fast 30 Jahren das Oberlandesgericht München, welches ansonsten eher von gutbayrischer »law and order«-Mentalität geprägt ist[20]. In seiner völlig zu Unrecht in Vergessenheit geratenen »Beatle-Haartracht-Entscheidung«[21] stellte das Gericht damals hochinteressante juristische Grundsätze für die Beurteilung männlicher Frisuren auf:[22]

»Das Tragen einer Beatle-Haartracht verletzt nicht die Würde des Gerichts (*KG*, JR 66, 73). Obwohl die Mehrheit der Bevölkerung diese Tracht ablehnt und als töricht, lächerlich oder geschmacklos empfindet, hat sie sich, nicht nur in der Bundesrepublik, bei vielen Jugendlichen durchgesetzt, die glauben, auf diese besondere Art ihre Persönlichkeit entfalten zu sollen. Das muß ihnen unbenommen bleiben, da ein Verstoß gegen das Sittengesetz nicht inmitten liegt (vgl. Art. 2 Abs. 1 GG), mag auch die Tracht nach der allgemeinen Auffassung gegen den guten Geschmack verstoßen und einem jungen Mann ein lächerliches Aussehen verleihen. Es besteht keine Veranlassung und erst recht keine Möglichkeit, daß die Gerichte dieser Modetorheit durch Zwangsmaßnahmen entgegentreten. Im übrigen wird die Würde des Gerichts dadurch überhaupt nicht berührt, daß ein Beschuldigter oder ein Zeuge durch einen »Pilzkopf« auffallen will. Der Beschuldigte hat sich nicht eigens für den Gerichtstermin hergerichtet, er ist vielmehr so erschienen, wie er auch sonst befugterweise gegenüber seiner Umwelt auftritt.

Entgegen der Auffassung des Jugendrichters kann aus der angeführten Entscheidung (*BayObLGSt.* 30, 134) nichts anderes hergeleitet werden. Dieses Gericht hat es im Jahre 1930 beanstandet, daß ein Angeklagter an einem schwülen Tage in der Hauptverhandlung in langer Hose und weißem Hemd *ohne Rock* erschienen ist. Es muß nicht geprüft werden, ob auch heute noch ein so strenger Maßstab anzulegen ist. Für die Beurteilung als Ungebühr war der Gesichtspunkt entscheidend, daß jener Angeklagte dem Gericht die gleiche Rücksicht schuldete wie seinem Vorgesetzten, bei dem er nach der Überzeugung des Gerichts auch nicht ohne Rock vorgesprochen hätte. Der Entscheidung liegt der Gedanke zugrunde, daß es nicht angängig sei, vor Gericht in einer Kleidung zu erscheinen, die für andere, gleichwichtige Gelegenheiten nicht für angemessen gehalten wird. Der hier zu beurteilende Fall liegt anders.

Auf die Beschwerde ist deshalb der Ordnungsstrafbeschluß aufzuheben.«

Tempi passati! Obwohl sich die Zeiten ändern, erscheint noch heute die tolerante Auffassung des Gerichts angesichts einer unfaßbaren Frisurenvielfalt bei männlichen Personen brandaktuell und vorbildlich.[23] Die Entscheidung kann ohne Übertreibung als Meilenstein der Rechts- (und Frisuren)geschichte, als Inbegriff von Rechtskultur in einem liberalen Rechtsstaat eingeordnet werden. Doch wieweit geht die Toleranz und Souveränität Justitias gegenüber neuen Modeerscheinungen und wieweit muß sie noch gehen? Ist künftig noch der Rechtsfriede gewahrt, wenn beispielsweise ein Zeuge mit sogenanntem Piercing-Schmuck (das ist Schmuck, der unter Durchstechung der Haut an den verschiedensten Körperteilen getragen wird) in Zunge(!), Augenbraue und Nase vor Gericht erscheint und dort wegen selbstgewählter Modebehinderung seine Zeugenaussage nur stammeln kann (Ring in der Zunge!)? Schwierige Rechtsfragen, auf die vielleicht irgendwann einmal unser Bundesverfassungsgericht Antworten geben muß. Wahrscheinlich wird es den Piercing-Menschen als lebendes Gesamtkunstwerk auffassen und unter den besonderen Schutz der Kunstfreiheit stellen. Immerhin könnte sich das höchste Gericht auf den Künstler Josef Beuys berufen, der in seiner unnachahmlichen Art einmal erklärt hat:[24]

»Alles ist Kunst. Jeder ist Künstler.«[25]

---

1 Vgl. Dallinger: Aus der Rechtsprechung des BGH in Strafsachen. § 338 StPO, MDR 1971, S. 364; Wimmer, Raimund: Grundsätze des rechtlichen Gehörs, DVBl. 1985, S. 778; Rüping, Heinrich: Verfassungs- und Verfahrensrecht im Grundsatz des rechtlichen Gehörs, NVwZ 1985, 307.

2 Vgl. Übersicht: MDR 1956, S. 398.

3 Zum strafrechtlich relevanten Schlaf vgl. BGH, NJW 1990, 2569: »Der Schlaf fällt indessen nicht ohne weiteres unter den Begriff der Hilflosigkeit i.S. des § 243 I 2 Nr. 6 StGB ... Nach diesem Maßstab ist der Schlafende beispielsweise hilflos i.S. des § 243 I 2 Nr. 6 StGB, wenn sein Schlaf mit einer krankhaften Störung zusammenhängt. Der Diebstahl, bei dem der »gesunde« Schlaf eines anderen ausgenutzt wird, erreicht diesen erhöhten Unrechtsgrad nicht. Er ist vielmehr mit anderen Fällen vergleichbar, in denen der Dieb die Unaufmerksamkeit oder auch die Abwesenheit eines anderen ausnutzt.«

4 Der Spruch dürfte auf ein Bibelzitat zurückzuführen sein, nämlich Sprüche 24, 15: »Laure nicht als Gottloser auf das Haus der Gerechten, verstöre seine Ruhe nicht.«

5 Vgl. BVerwG, NJW 1981, 414.

6 BVerwGE 11, 77.

7 Zum Schlaf von Prüfern in juristischen Prüfungskommissionen vgl. Krüger, Hartmut: Anm. zu OVG Münster, NWVBL 1992, S. 65: »Es ist selbstverständlich, daß die Prüfungskommissionen bzw. jeder einzelne Prüfer den Ausführungen der Kandidaten aufmerksam folgen. Prüfer, die schlafen oder unübersehbare Ermüdungserscheinungen zeigen, verletzen ihre Pflichten als Prüfer und dadurch zugleich subjektive Rechte der Prüflinge.«

8 NJW 1981, 413.

9 Beispiele aus der Zivilrechtspraxis sind selten; das Zivilrecht ist eben nicht für Schlafmützen geschaffen, vgl. Cüppers: Gesetzlicher Zwang zur Lüge? NJW 1950, S. 933 ff.

10 Mit großem Widerwillen, aber im Bemühen um Vollständigkeit, sei der uralte »Juristenkalauer« erwähnt, wonach richterliche »Beisitzer« in Wahrheit oftmals nur »Beischläfer« sind. Gemeint ist hier aber offenbar nicht das »Einschlafen« im ureigensten Sinne, sondern der vermeintlich unwiderstößliche »Erfahrungssatz«, daß regelmäßig die hauptberuflichen Richter und nicht die Laienrichter Prozeßverlauf und Urteil prägen.

11 Siehe auch Schellenberg, Frank: Überlegungen zur öffentlichen Justizkritik, ZRP 1995, S. 41 ff.

12 Auch Rechtsprechungsroboter wären im übrigen nicht perfekt, denn jeder, der mit Computern arbeitet, kennt den sogenannten »Absturz« des Geräts.

13 Die Zusammenstellung wurde entnommen aus OLG Hamm, NJW 1969, 1920.

14 Vgl. dazu Müller-Dietz, Heinz: Alles was Recht ist, S. 38: »Richter, die ohne Ansehen der Person urteilen, dürften kaum das Ansehen ihrer Person mehren.«

15 Vgl. OLG Hamm, NJW 1969, 1920.

16 Vgl. zum Minirock im Gerichtssaal Schmidt: DRiZ 1968, S. 17.

17 Vgl. dazu Steinbrenner: Justiz 1968, S. 235; Schmidt: DRiZ 1968. S. 17.

18 OLG Düsseldorf, Beschl. vom 7.8.1985, 1 Ws (OWi) 619/85), NJW 1986, 1505.

19 Vgl. in dem Zusammenhang auch einen Fall aus jüngster Zeit, nämlich OLG Koblenz, NJW 1995, 977: »Die Justiz darf sich in ihrem Bemühen um Bürgernähe dem Zeitgeist und seinen textilen Modeerscheinungen nicht verschließen.«

20 Vgl. dazu den schönen Aphorismus von Müller-Dietz, Heinz: Alles was Recht ist, S. 4: »Law and order? Law in order!«.

21 1995 liegt übrigens die popgeschichtlich bedauerliche Trennung der Beatles 25 Jahre zurück.

22 OLG München, Beschl. v. 14.7.1966, Ws 608/66, NJW 1966, 1935.

23 Vgl. OLG München, NJW 1966, 1935 – Leitsatz (nicht-amtlich): »Das Tragen einer Haartracht vor Gericht, die nach allgemeiner Auffassung gegen den guten Geschmack verstößt (sog. »Beatle-Haartracht«), verletzt nicht die Würde des Gerichts.«

24 Vgl. J. Beuys, Joseph: Alles ist Kunst, in: Bitburger Gespräche, Jb. 1977/78, S. 135 ff.

25 Vgl. dazu aber die Kritik von Würtenberger, Thomas: Satire und Karikatur in der Rechtsprechung. NJW 1983. S. 1145-1146: »Und wenn jener Künstler (gemeint ist Beuys) gar, indem er vor einer Mauer stehend in ein schwarzes Ofenloch starrt, seine eigene Person als »das« Kunstwerk erklärt, so müßte im Falle einer damit etwa verbundenen strafbaren Handlung der Richter einem so uferlosen Kunstbegriff die Anerkennung versagen.«; vgl. auch die kritischen Ausführungen zu Beuys von Johann Braun: Kunstprozesse von Menzel bis Beuys, München 1995, S. 51 ff. und 127 ff.

X. Justitia und das Liebesleben

1. Die Kondom-Klage

O tempora! O mores!

CICERO

Justitia darf ihre Augen niemals verschließen – nichts Menschliches ist ihr deshalb fremd.[1] Es verwundert folglich kaum, daß beispielsweise in immer stärkerem Maße Kondome die Rechtsprechung beschäftigen. Sogar der altehrwürdige Bundesgerichtshof muß sich relativ häufig mit dieser Materie – nolens volens – befassen.[2] Gleiches gilt für das Bundesverwaltungsgericht.[3] Ein besonders merkwürdiger Fall ereignete sich 1990 vor dem Hamburger Oberverwaltungsgericht.[4] Er gibt uns – neben der Vermittlung von Grundkenntnissen des deutschen Sozialhilferechts – tiefe Einblicke in die Vielfalt menschlicher Regungen und Erregungen. Ein 29 Jahre alter Kläger, der Sozialhilfe erhielt und ganz offensichtlich in der Blüte seiner Jahre stand, hatte für sich bei der Behörde Geld zum Zwecke der Anschaffung empfängnisverhütender Mittel verlangt. Dagegen war nach § 37 b S. 2 Nr. 2 Bundessozialhilfegesetz (BSHG) grundsätzlich von Seiten der Behörden gar nichts einzuwenden, wenn der Kläger nicht, ja wenn er nicht das Geld für sage und schreibe 12 Kondome pro Woche vom Staat begehrt hätte: 47,80 DM pro Monat für die Anschaffung einer 50er Packung! Die zuständige Behörde prüfte sechs Monate lang die Akten (und der Sachbearbeiter wahrscheinlich sich selbst!), getreu der afrikanischen Weisheit: »Prüfet lange und ihr bleibt lange gerecht!«[5]. Es folgte die mit Spannung erwartete Entscheidung: Bewilligung von 20 DM pro Monat für Kondome[6], jeweils quartalsweise unter Vorlage einer entsprechenden ärztlichen Verordnung zum Quartalsanfang. Damit hätte die Sozialhilfe bei einem Preis von ca. 1 DM pro Kondom dem agilen Antragsteller eine Frequenz von 20 öffentlich geförderten Sexualkontakten im Monat ermöglicht.

Dies war dem Kläger, der neben Kondom-Kosten pikanterweise zusätzlich die Übernahme seiner Beiträge für einen Sportverein (!) aus dem Staatssäckel verlangte, nicht genug. Er legte Widerspruch ein. Im anschließend von ihm betriebenen einstweiligen Rechtsschutzverfahren versicherte er den durchweg erstaunten Prozeßbeteiligten an Eides Statt, daß er mit seiner Freundin 1,7 mal *pro Tag* Geschlechtsverkehr habe.[7] Von Behörden lasse er sich nicht vorschreiben, wie oft er mit seiner Freundin schlafen dürfe. Folglich müsse der Staat seinen individuellen Bedarf an empfängnisverhütenden Mitteln voll befriedigen.

Nachdem der Kläger in erster Instanz verloren hatte, wandte er sich an das Oberverwaltungsgericht Hamburg. Bevor wir uns mit Spannung dem Urteil des Gerichts zuwenden, seien zuvor einige grundsätzliche Anmerkungen und Überlegungen erlaubt: Welcher Leidensdruck muß auf dem armen jungen Mann gelastet haben, der ihn dazu trieb, das wahrlich rege Geschlechtsleben mit seiner Freundin[8] vor zwei Gerichtsinstanzen (= sechs Berufsrichter, zwei Laienrichter) im Detail schriftlich und mündlich auszubreiten. Welche Mühe und Überwindung muß es gekostet habe, wildfremden Menschen in schwarzer Richterrobe nahezubringen, daß der Anspruch auf öffentlich-rechtliche Kondom-Subvention nicht da endet, wo Martin Luther – übrigens ein Jurist – die Grenze setzte: »In der Woche zwier, schadet weder ihm noch ihr!« Wenn es in einem Rechtsstaat einer gerichtlichen Klärung bedurfte, dann in dieser zentralen Lebens- und Liebesfrage. Wegen der grundsätzlichen Bedeutung des Falls gab sich das Gericht viel Mühe und setzte besondere juristische und sonstige Sachkenntnis ein. Getreu dem Grundsatz, daß Maßhalten zu den menschlichen Tugenden gehört[9], wurde vom Oberverwaltungsgericht Hamburg ein Urteil gefällt, welches in Fachkreisen Aufsehen erregte, beim Kläger aber sicher zum Gegenteil führte:[10]

»Die Beklagte hat zu Recht eine höhere Hilfe zur Familienplanung nach § 37 b BSHG abgelehnt. Bei der Anwendung des § 37 b BSHG ist davon auszugehen, daß Anspruch auf Hilfe zur Familienplanung auch Männer haben, daß die Hilfe das Bestehen oder die beabsichtigte Gründung einer Familie (Ehe) nicht voraussetzt, sie also auch Unverheirateten zugute kommen kann, und daß schließlich Kondome als empfängnisregelnde Mittel i.S. von § 37 b S. 2 Nr. 2 BSHG anzusehen sind. Darüber besteht zwischen den Beteiligten kein Streit, und das entspricht auch allgemeiner Meinung. Zweifelhaft ist dagegen, ob das Begehren des Klägers schon daran scheitern muß, daß eine »bestimmte« ärztliche Verordnung nicht vorliegt, und Angaben des Arztes über die Höhe des Bedarfs, die Zahl der benötigten Kondome fehlen […].[11] Letztlich kann diese Frage ebenso dahinstehen wie die weitere Frage, ob die Angaben des Klägers zur Häufigkeit des Geschlechtsverkehrs zutreffen oder ob sie darauf zurückzuführen sind, daß die Beklagte entgegen verbreiteter Praxis Geldmittel ohne Verwendungsnachweis direkt dem Hilfeempfänger gewährt und dadurch zumindest die Gefahr heraufbeschwört, daß Empfänger von laufender Hilfe zum Lebensunterhalt die Regelsätze durch Inanspruchnahme von Geldleistungen nach § 37 b BSHG aufzubessern suchen […]. Auch die Hilfe zur Familienplanung soll lediglich das soziokulturelle Existenzminimum des Hilfeempfängers gewährleisten […]. Legt man den vom Kläger genannten Preis von knapp 1 DM pro Kondom zugrunde, so ermöglicht ihm die gewährte Hilfe, gut 20 mal im Monat mit seiner Freundin ohne Risiko einer Empfängnis geschlechtlich zu verkehren. Unter Berücksichtigung der Tage, an denen Geschlechtsverkehr nicht möglich ist oder nicht erwünscht wird, kann der Kläger praktisch Tag für Tag einmal ohne Risiko den Geschlechtsverkehr ausüben. Daß eine dahingehende Beschränkung ihm nicht möglich wäre oder seine Menschenwürde verletzt oder seine partnerschaftliche Beziehung gefährden könnte, ist nicht ersichtlich, zumal seiner Freundin und ihm neben dem vaginalen Verkehr noch andere Formen befriedigender Kontakte offenstehen.

Daß der Kläger möglicherweise mehr leisten könnte, ist unerheblich. Für das Geschlechtsleben gilt nichts anderes als für alle anderen existentiellen Lebensbedürfnisse (Essen und Trinken, Bekleidung, Unterkunft): Es ist nicht Aufgabe der Sozialhilfe, ihm eine bestmögliche, maximale Bedürfnisbefriedigung zu ermöglichen.«

Wie der Kläger die Abweisung seiner Berufung verkraftet hat und welche Konsequenzen er aus dem Urteil zog, ist nicht bekannt. Wahrscheinlich dürfte die Lektüre der Urteilsgründe eine gewisse triebdämpfende Wirkung gehabt haben. Falls nicht, kann man ihm nur mit den Worten aus Hamlets Monolog im dritten Akt antworten:

»Get thee to a nunnery!« (Zu deutsch: Geh ins Kloster!)

2. Erotik auf Reisen

Zum Reisen gehört Geduld, Mut,
guter Humor, Vergessenheit aller
häuslichen Sorgen, und daß man sich
durch kleine widrige Zufälle,
Schwierigkeiten, böses Wetter,
schlechte Kost und dergleichen
nicht niederschlagen lasse.

ADOLF FREIHERR VON KNIGGE

Wenn einer eine Reise tut[12], dann ist es meistens ein Deutscher oder eine Deutsche. Die Deutschen sind nämlich weiterhin Weltmeister im Verreisen. Bei der Suche nach den Ursachen stößt man schnell auf das sehr verbraucherfreundliche deutsche Reiserecht[13]. Es bietet dem geschulten Kenner und geschickten Nörgler[14] wahrhaft ungeahnte Möglichkeiten, bei echten oder geschickt konstruierten Reisemängeln im nachhinein – und gut erholt – gegenüber Pauschalreiseveranstaltern eine Reisepreisminderung oder Schadensersatz durchzusetzen: Der finanzielle Grundstock für die nächste Reise ist auf diese Weise gesichert. Grundlage für solches Treiben ist § 651 c BGB[15]. Hiernach ist »der Reiseveranstalter verpflichtet, die Reise so zu erbringen, daß sie die zugesicherten Eigenschaften hat und nicht mit Fehlern behaftet ist, die den Wert oder die Tauglichkeit zu dem gewöhnlichen oder nach dem Vertrag vorausgesetzten Nutzen aufheben oder mindern«. Einige kleine Wanzen im Hotelzimmer[16], ein fehlendes Sportprogramm[17] oder Lärm aller Art[18] können beispielsweise die Urlaubskasse für den nächsten Urlaub wieder zum Klingeln bringen. Einen verdorbenen Urlaub muß in einem Rechtsstaat schließlich niemand ohne Entschädigung hinnehmen.[19] Eigentlich sollte man meinen, daß auf dieser rechtlichen Basis wirklich alle denkbaren Urlaubsfehler schon einmal vor Gericht gelandet wären.[20] Häufigster »juristischer Landeplatz« ist dabei Frankfurt, weil dort alle großen Reiseveranstalter ihren Sitz und Gerichtsstand haben. In der Provinz gibt es aber nicht weniger interessante Fälle, wie ein Urteil des Amtsgerichts Mönchengladbach vom 25.4.1991 zeigt.[21]

Der Kläger hatte für rund 3000 DM für sich und seine Freundin eine Pauschalreise nach Menorca gebucht. Dort angekommen mußte das erwartungs- und sinnenfrohe Paar höchst entsetzt feststellen, daß sich in ihrem gebuchten Hotelzimmer zwei auseinanderstehende Einzelbetten befanden, obwohl laut Vertrag dort ein Doppelbett hätte stehen müssen.

Der den Freuden der Liebe nicht abgeneigte Kläger verbuchte den Urlaub deshalb als absoluten Fehlschlag. In seinem Prozeß gegen den Reiseveranstalter trug er vor, daß wegen der Einzelbetten seine Beischlafgewohnheiten im gesamten zweiwöchigen Urlaub auf unerträglichste Weise gestört worden seien: »Bei der kleinsten Bewegung« seien »die Betten mittig auseinandergegangen«, so daß das heftig ersehnte »harmonische Intimleben« schon aus rein beischlaftechnischen Gründen gänzlich ausgeschlossen gewesen sei. Die von ihm mit seiner Freundin erlittene erotische Frustration müsse sich in einer Reisepreisminderung von 20 % niederschlagen.

Das Amtsgericht Mönchengladbach wies die Klage mit einer juristisch zweifelhaften, aber sicherlich für alle Urlauber und Urlauberinnen lesenswerten Argumentation ab:[22]

»Die Klage ist zulässig. Der Bekl. ist zuzugeben, daß hier leicht der Eindruck entstehen könnte, die Klage sei nicht ernst gemeint. Die Zivilprozeßordnung sieht allerdings einen derartigen Fall nicht vor, so daß es hierfür auch keine gesetzlich vorgesehenen Konsequenzen gibt.

Die Klage ist aber jedenfalls in der Sache nicht begründet. Der Kl. hat nicht näher dargelegt, welche besonderen Beischlafgewohnheiten er hat, die festverbundene Doppelbetten voraussetzen. Dieser Punkt brauchte allerdings nicht aufgeklärt zu werden, denn es kommt hier nicht auf spezielle Gewohnheiten des Kl. an, sondern darauf, ob die Betten für einen durchschnittlichen Reisenden ungeeignet sind. Dies ist nicht der Fall. Dem Gericht sind mehrere allgemein bekannte und übliche Variationen der Ausführung des Beischlafs bekannt, die auf einem einzelnen Bett ausgeübt werden können, und zwar durchaus zur Zufriedenheit aller Beteiligten. Es ist also ganz und gar nicht so, daß der Kl. seinen Urlaub ganz ohne das von ihm besonders angestrebte Intimleben hätte verbringen müssen.

Aber selbst wenn man dem Kl. seine bestimmten Beischlafpraktiken zugesteht, die ein festverbundenes Doppelbett voraussetzen, liegt kein Reisemangel vor, denn der Mangel wäre mit wenigen Handgriffen selbst zu beseitigen gewesen. Wenn ein Mangel nämlich leicht abgestellt werden kann, dann ist dies auch dem Reisenden selbst zuzumuten mit der Folge, daß sich der Reisepreis nicht mindert und daß auch Schadensersatzansprüche nicht bestehen.

Der Kl. hat ein Foto der Betten vorgelegt. Auf diesem Foto ist zu erkennen, daß die Matratzen auf einem stabilen Rahmen liegen, der offensichtlich aus Metall ist. Es hätte nur weniger Handgriffe bedurft und wäre in wenigen Minuten zu erledigen gewesen, die beiden Metallrahmen durch eine feste Schnur miteinander zu verbinden. Es mag nun sein, daß der Kl. etwas derartiges nicht dabei hatte. Eine Schnur ist aber für wenig Geld schnell zu besorgen. Bis zur Beschaffung dieser Schnur hätte sich der Kl. beispielsweise seines Hosengürtels bedienen können, denn dieser wurde in seiner ursprünglichen Funktion in dem Augenblick sicher nicht benötigt.«

Künftig wird also von jedem Touristen – so jedenfalls die richterlichen Erkenntnisse aus Mönchengladbach – verlangt, eine Art Notfall-Pack für alle (Wechsel-) Fälle des Urlaubslebens parat zu haben, will man nicht bei Reisemängeln seine normalen Reisevertragsansprüche riskieren. Die Pauschalreise wird zum Abenteuerurlaub, die miserable Ausstattung des Hotelzimmers zum ultimativen Test für Improvisationsfähigkeit und Flexibilität des Urlaubsgastes. Hat man sich so »die schönsten Wochen des Jahres« vorgestellt? Hat der deutsche »Ottonormalverbraucher« oder die deutsche »Ottonormalverbraucherin«, wenn er oder sie Lust verspürt, auch Lust auf vorbereitende Heimwerkertätigkeit an Hotelbetten im Hotel in Menorca, Ibiza oder sonstwo? Wohl kaum! Der einzige Aspekt, der die Entscheidung des Amtsgerichts Mönchengladbach stützen könnte, wurde einmal – wie könnte es anders sein[23] – von Eugen Roth in wunderbare Worte gekleidet. Lassen wir zum Abschluß dieser Fallbetrachtung seine tiefsinnige Reisephilosophie einfach auf uns wirken:

»Wird Reisen leicht –
Vergeßt das nicht! –
verliert's auch inneres Gewicht.«

3. Die teuren Küsse

Berühren sich zwei Münder sacht,
rührt sich, was uns zum Sünder macht.

GERHARD SCHUMANN

Im modernen Straßenverkehr kommt es leider geradezu zwangsläufig zu Unfällen. Die Bandbreite der Unfallursachen ist dabei unvorstellbar groß. Jeder erfahrene Verkehrsrichter wird bestätigen, daß hier die Grundsätze einer bekannten Autowerbung uneingeschränkte Geltung beanspruchen können: *Nichts ist unmöööglich!* Ein besonders amüsantes Beispiel ist ein Verkehrsunfall, über den das Amtsgericht Ibbenbüren zu entscheiden hatte.[24] Ein Autofahrer war bei der Fahrt von seiner Beifahrerin auf das schönste abgelenkt worden: Infolge von Zärtlichkeiten fuhr er bei Rot in eine Kreuzung und stieß mit einem anderen PKW zusammen. Dessen Eigentümer verklagte die Beifahrerin auf rund 827,50 DM Schadensersatz, so daß das Amtsgericht deren erotische Verhaltensweise straßenverkehrsrechtlich zu beurteilen hatte:[25]

»Die Klage ist begründet. Der Kläger hat einen Anspruch gegen die Beklagte auf Zahlung von Schadensersatz in der beantragten Höhe wegen der Schäden, die er bei dem Verkehrsunfall vom 30.6.1988 erlitt. Die Beklagte ist dem Kläger aus dem Gesichtspunkt der unerlaubten Handlung nach § 823 I BGB zum Schadensersatz verpflichtet, da sie durch eine fahrlässig begangene Handlung eine Ursache dafür setzte, daß der PKW des Klägers bei dem vorgenannten Unfall beschädigt wurde.

Das Gericht hat die Strafakten der Staatsanwaltschaft Münster beigezogen und zu Beweiszwecken verwertet. Sie enthalten Aussagen, die der Zeuge A am 8.7.1988 bei der Polizeidienststelle in X und am 20.1.1989 in der Strafverhandlung vor dem Amtsgericht Ibbenbüren gemacht hat. Beiden Aussagen ist klar und eindeutig zu entnehmen, daß die Beklagte während der Annäherung an die Straßenkreuzung nicht nur in einer größeren Entfernung des vom Zeugen B gelenkten PKW zur Ampel zu dem Zeugen rutschte und ihn zum Austausch von Zärtlichkeiten animierte, sondern daß die Beklagte den Zeugen noch einmal küßte, als beide sich unmittelbar vor der Kreuzung befanden und die Lichtzeichenanlage bereits auf Rotlicht gewechselt hatte.

Es kann keinem Zweifel unterliegen, daß ein derartiges Verhalten generell geeignet ist, einen Fahrer intensiv vom Verkehr abzulenken. Die Tatsache, daß der Zeuge unstreitig das Rotlicht der Ampelanlage übersah, trotz dieser Ampelschaltung in die Kreuzung einfuhr und dabei den Verkehrsunfall verursachte, geht darum nach dem Beweis des ersten Anscheins auf die von der Beklagten ausgehende Ablenkung zurück. Ohne diese Ablenkung wäre es aller Wahrscheinlichkeit nach nicht zu dem Unfall gekommen, so daß das Verhalten der Beklagten zumindest mitursächlich für den Verkehrsunfall anzusehen ist.

Auch daran, daß das Verhalten der Beklagten fahrlässig im Sinne des § 276 BGB war, kann es keinen Zweifel geben, so daß die Voraussetzungen einer Haftung nach § 823 I BGB vorliegen.«

Die verliebte Beifahrerin mußte also für die leidenschaftlichen Küsse und Zärtlichkeiten teuer bezahlen. Ob sie später den Adressaten der erotischen Attacken wegen eines Teils des Schadens noch zur Kasse gebeten hat, ist nicht bekannt. Da der Fahrer am amourösen Schadensfall nicht unschuldig war, hätte sie das Recht theoretisch auf ihrer Seite (vgl. § 840 Abs. 1 BGB i.V.m. § 426 BGB). Man spricht hier juristisch von Gesamtschuldnerschaft. Wünschen wir beiden, daß sie sich geeinigt haben. Ein schnöder Prozeß zwischen Liebenden, die es dann bald nicht mehr wären, dürfte die Sache nicht wert gewesen sein. Immer noch gilt die alte Spruchweisheit:

»Küsse sind nicht mit Geld aufzuwiegen!«

---

1 Vgl. nur BGH, NJW 1967, 1079: »Die Frau genügt ihren ehelichen Pflichten nicht schon damit, daß sie die Beiwohnung teilnahmslos geschehen läßt.«; vgl. auch zu dieser Entscheidung Günther, Jörg-M.: BGB in Reimen, S. 101.

2 Vgl. z.B. BGH, Urt. v. 19.10.1994, I ZR 130/92, NJW 1995, VIII: Verbot der Verbreitung von Kondomen mit der Aufschrift »Es tut Nivea als das erste Mal.«

3 BVerwG, NJW 1995, 208.

4 OVG Hamburg, NJW 1991, 941.

5 Vgl. Seibert, Claus: Früchte des Zorns, MDR 1976, 905.

6 In dem Fall, der jüngst vom Bundesverwaltungsgericht entschieden wurde, hatte das Verwaltungsgericht die Behörde verpflichtet, monatlich nur 10 DM für Kondome aus Sozialhilfemitteln zur Verfügung zu stellen, vgl. BVerwG, NJW 1995, 208.

[7] Vgl. dazu § 156 StGB: »Wer vor einer zur Abnahme einer Versicherung an Eides Statt zuständigen Behörde eine solche Versicherung falsch abgibt oder unter Berufung auf eine solche Versicherung falsch aussagt, wird mit Freiheitsstrafe bis zu drei Jahren oder mit Geldstrafe bestraft.«

[8] Zum gegenteiligen Fall der erwiesenen *impotentia coeundi* vgl. Jauernig, Othmar, BGB. § 1593 BGB, Anm. 3 b.

[9] Vgl. dazu Bebel, August: Die Frau und der Sozialismus, 1953, S. 266: »Maßhalten im Geschlechtsverkehr ist ebenso nötig wie im Essen und Trinken und anderen menschlichen Bedürfnissen.«

[10] OVG Hamburg, NJW 1991, 941.

[11] Vgl. dazu jetzt BVerwG, NJW 1995, 208. Nach Auffassung des Bundesverwaltungsgerichts setzt eine Beschaffung von Kondomen aus Sozialhilfemitteln zwingend voraus, daß sie dem Antragsteller ärztlich verordnet worden sind.

[12] Dies ist der Anfangsvers des Liedes »Urians Reise um die Welt« (Muselalmanach 1786). Die Anfangsverse lauten: »Wenn einer eine Reise tut, dann kann er was erzählen.«

[13] Vgl. dazu Teichmann, Arndt: Die Entwicklung der Rechtsprechung zum Reiserecht von 1986 bis 1993. Teil 1, JZ 1993, S. 823 ff.

[14] Vgl. Teubner, Ernst: Satirisches Rechtswörterbuch, S. 136.

[15] Der Minderungsanspruch ergibt sich im Einzelfall aus § 651 c BGB i.V.m. § 651 d BGB, der Schadensersatzanspruch aus § 651 c BGB i.V.m. § 651 f BGB; vgl. dazu meine grundlegende Darstellung in: BGB in Reimen, S. 61.

[16] OLG Hamm, NJW 1975, 123.

[17] LG Hannover, FVE 600.

[18] OLG Köln, FVE 265.

[19] Vgl. § 651 f Abs. 2 BGB: »Wird die Reise vereitelt oder erheblich beeinträchtigt, so kann der Reisende auch wegen nutzlos aufgewendeter Urlaubszeit eine angemessene Entschädigung in Geld verlangen.«

[20] Vgl. dazu die Urlaubsmängelkasuistik bei Eberle: Der Reiseveranstaltungsvertrag, S. 31-42.

[21] AG Mönchengladbach, 5 a C 106/91.

[22] AG Mönchengladbach, 5 a C 106/91; vgl. dazu die mehr als deutliche Kritik von Teubner, Ernst: Satirisches Rechtswörterbuch, S. 137: »…eklatantes Fehlurteil«/»…lustloser Argumentationsmangel«/ »…unglaublich! So geht es also zu, wenn Lebensfremdheit sich schnurlos mit Argumentationsschwäche verbindet!«; zur Grundsatzproblematik des Reiserechts vgl. Isermann, Edgar: Reisen – nur noch ein Rechtsabenteuer?, NJW 1988, S. 873 ff.

[23] Vgl. AG Köln, NJW 1986, 1266; das AG Köln stützte seine Rechtsprechung ausdrücklich auf Worte von Eugen Roth, der damit für die Justiz salonfähig wurde.

[24] AG Ibbenbüren, Urt. v. 24.7.1991, 3 C 730/90, ZfS 1992, 221.

[25] AG Ibbenbüren, 3 C 730/90.

XI. Familien vor Gericht

1. Der geniale Skatspieler

Scheiden tut weh,
besonders im Portemonnaie!

Ausspruch eines unbekannten Famlienrichters

Heiraten ist für viele das größte Glück. Wenn das Glück allerdings zerbricht, kommt Justitia in die Verlegenheit, das Unglück juristisch angemessen verteilen zu müssen. Oft geht es dann vor dem Familiengericht nicht mehr um die verflossene Liebe, sondern um das liebe Geld. Immerhin sind bei der Trennung zum Beispiel zwei komplette Haushalte zu finanzieren, so daß um jeden zu verteilenden Pfennig erbittert gekämpft wird. Wie weit so etwas gehen kann, zeigt ein Urteil des Oberlandesgerichts Düsseldorf aus dem Jahre 1993.[1] Es setzte den Schlußpunkt unter ein Ehedrama, das durchaus Züge einer Tragikomödie aufwies:

Im ersten Akt des Dramas heiraten die Parteien. Für beide ist es der zweite Versuch. Der zweite Akt besteht darin, daß die Ehepartner das führen, was man als eine »normale Ehe« zu bezeichnen pflegt. Im dritten Akt kommt es zu schleichenden Zersetzungserscheinungen. Diese gipfeln im vierten Akt darin, daß die Ehefrau – ein dramaturgischer Höhepunkt – bei einem Ehestreit dreimal mit einem Revolver des Kalibers vier Millimeter auf ihren Mann schießt. Wie durch ein Wunder wird dieser nicht ernsthaft verletzt. Er erleidet durch einen Streifschuß nur einen blauen Fleck am rechten Oberarm. Ein Zeuge bekundet später, daß das Opfer direkt nach den Schüssen scherzend erklärt habe, daß er Schußprojektile einer derartig kleinkalibrigen Waffe »mit den Zähnen auffange«. Über den Vorfall bewahren die Eheleute ansonsten Stillschweigen. Im fünften Akt nimmt die Ehe wieder ihren gewohnten Gang; man feiert sogar den Hochzeitstag. Der sechste Akt führt dann allerdings zum endgültigen Zerwürfnis und zur Trennung der Eheleute. Der Schlußakt des Ehedramas findet schließlich vor Gericht statt. Die Ehefrau und Hauptdarstellerin des Schauspiels heißt jetzt »Klägerin«, der Ehemann »Beklagter«. Sie verlangt von ihm Trennungsunterhalt nach § 1361 BGB, er will diese Summe nicht zahlen. Der Streit geht darum, ob der Beklagte – ein begnadeter Skatspieler – seit langen Jahren regelmäßig erzielte Skatgewinne rund 1400 DM pro Monat (sic!) als Unterhaltsleistung abzuführen habe.[2] Außerdem ist der Beklagte der Ansicht, daß seine Frau durch das Revolverattentat sämtliche Unterhaltsansprüche verwirkt habe. Das Oberlandesgericht Düsseldorf kam zu dem Urteil, daß die Revolverschüsse ausnahmsweise nicht erheblich seien. Das Verhalten des Beklagten im vierten Akt des Ehedramas habe nämlich gezeigt, daß er den Vorfall nicht als gravierend empfunden habe. Dann sei es aber auch nicht grob unbillig, wenn er trotz des Angriffs auf seine Person grundsätzlich Unterhalt zahlen müsse.[3] Seine Skatgewinne seien sehr wohl dem unterhaltsrechtlich relevanten Einkommen zuzurechnen:[4]

»Der Bekl. hat eingeräumt, daß er neben seinem laufenden Einkommen als Bürovorsteher Skatgewinne von 1400 DM monatlich hat. Das *AG* hat diese Nebeneinnahmen voll als anrechenbares Einkommen berücksichtigt.

Der Bekl. wendet sich gegen die Anrechnung der Skatgewinne. Zur Begründung trägt er vor, daß diese keine Einkünfte, sondern »freiwillige Leistungen Dritter« seien, die unterhaltsrechtlich nicht als Einkommen berücksichtigt werden dürfen. Zumindest sei das Skatspiel in dem von ihm betriebenen Umfang als »unzumutbare Tätigkeit« anzusehen, so daß auch aus diesem Grunde die Gewinne nicht voll anzurechnen seien.

Der *Senat* vermag sich dieser Rechtsansicht nicht anzuschließen. Bei der Ermittlung der Leistungsfähigkeit des Unterhaltsschuldners sind grundsätzlich alle Einkünfte heranzuziehen, die ihm zufließen, gleich welcher Art diese Einkünfte sind und aus welchem Anlaß sie gezahlt werden (vgl. *Lohmann*, Neue Rspr. des BGH zum FamR, 6. Aufl., Rdnr. 154). Es bestehen daher keine durchgreifenden Bedenken, die offensichtlich regelmäßigen Einkünfte aus dem Skatspiel als anrechnungsfähiges Einkommen anzusehen. Selbst gesetzwidrig erlangte Mittel – was für die Skatgewinne nicht zutrifft – sind anrechenbares Einkommen des Unterhaltspflichtigen (vgl. *Kalthoener-Büttner*, Die Rspr. zur Höhe des Unterhalts, 4. Aufl., Rdnr. 514). Bei den Einkünften aus Skatspiel handelt es sich auch nicht um freiwillige Leistungen Dritter oder um Einnahmen aus einer unzumutbaren Tätigkeit. Das Argument des Bekl., die Kl. würde auch keine Reduzierung ihres Unterhalts hinnehmen, wenn er mit dem Skatspiel ständig Verluste machen würde, überzeugt nicht. Ständige Verluste im Skatspiel muß der Unterhaltsberechtigte nicht über einen verminderten Unterhalt finanzieren. Ein solcher Fall liegt hier aber nicht vor. Der Bekl. macht eingestandenermaßen Gewinn, weil er offensichtlich besser spielt als seine Mitspieler. Damit wird dem Bekl. keineswegs angesonnen, auch in Zukunft nach einem 8-Stunden-Tag weiterhin in den »*Skatclub*« zu gehen, um Nebeneinnahmen zu erzielen. Es steht ihm frei, diese Tätigkeit jederzeit einzuschränken oder aufzugeben. Solange er aber Skatgewinne macht, sind die daraus resultierenden Einnahmen anzurechnen.«

Das Urteil dürfte die schießwütige Ehefrau wie einen Lottogewinn empfunden haben. Schließlich war zu ihren Gunsten eine satte Nachzahlung aus der gutgefüllten Skatkasse des Verflossenen fällig. So hat sich auf dem Umweg über das deutsche Familienrecht kurioserweise doch noch bewahrheitet, was der Volksmund als Weisheit in ein Sprichwort gefaßt hat:[5] »Die Karte und die Kanne macht manchen zum armen Manne.«

Der geniale Skatspieler wird sich deshalb entweder wegen der Gewinne nicht mehr in die Karten sehen lassen (corriger la fortune) oder einfach nur noch um die Ehre spielen.[6] Vielleicht hört er aber mit dem Kartenspielen auf, setzt alles auf eine Karte und heiratet zum dritten Mal? Wir wissen es nicht. In jedem Fall hat das Gericht dem armen Manne ziemlich das Spiel verdorben. Vielleicht hat es ihn aber gerade dadurch vor einem Durchmarsch in eine schlimme Spielsucht gerettet. Das

Kartenspiel wird nicht umsonst in vielen weisen Sprichwörtern als gefährlich gebrandmarkt:

»Das Kartenspiel ist des Teufels Gebetbuch.«[7]

Dieses Buch einem willfährigen Opfer aus der Hand geschlagen zu haben, wäre für die Justiz ein großer Verdienst.

2. Das Kranzgeld

Der Ehe geht voraus zumeist
Die Bindung, die Verlobung heißt.
Sie ist an keine Form geknüpft.
Die Wirkung, wenn man ihr entschlüpft?
Es kann dem andern nicht gelingen,
Die Ehe selber zu erzwingen;
Wohl aber – bricht man ohne Grund -
Den Schaden welcher ihm entstund'.

ANTON ERDEL

Zu den exotischsten Vorschriften des Bürgerlichen Gesetzbuchs zählt der § 1300 BGB, der das sagenumwobene Kranzgeld regelt:

»Beiwohnung

Hat eine unbescholtene Verlobte ihrem Verlobten die Beiwohnung gestattet, so kann sie, wenn die Voraussetzungen des § 1298 oder des § 1299 vorliegen, auch wegen des Schadens, der nicht Vermögensschaden ist, eine billige Entschädigung in Geld verlangen.«

Der männliche Verlöbnisbrecher soll also für Seelenschmerzen und verminderte Heiratsaussichten derjenigen Frau blechen, die sich ihm in Erwartung der Ehe hingegeben, und die er so bitterlich enttäuscht hat.[8] Allerdings gilt dies nur, wenn das Objekt seiner Begierde vorher wirklich unbescholten war. Entgegen landläufiger Ansicht wird für die Unbescholtenheit keine Jungfräulichkeit vorausgesetzt, aber die Wahrung der Geschlechtsehre.[9] Eine zu große Bedeutung sollte den Merkmalen aber nicht zukommen, denn – so die Literatur[10] – »der Verlust der Unbescholtenheit kann nicht von der Geschicklichkeit abhängen, mit der ein Mädchen ein anstößiges Tun verborgen hält«. Wenn aber die Jungfräulichkeit und die Unbescholtenheit keine so große Rolle spielen, warum soll dann in Zeiten der Gleichberechtigung nicht auch ein »Jungmann« Kranzgeld verlangen können? Frauen können doch auch Männer bitter enttäuschen. Schon früh wurde deshalb die Verfassungsmäßigkeit des Kranzgeldparagraphen – natürlich von Männern – in Frage

gestellt.[11] Jetzt endlich ist der Durchbruch geschafft. Mit einem mutigen Urteil
wider den feministischen Zeitgeist hat das Amtsgericht Münster einen längst über-
fälligen Meilenstein für die männliche Emanzipation gesetzt.[12]

In dem dortigen Kranzgeldfall hatte sich die Klägerin zum Jahreswechsel
1990/91 mit dem Beklagten verlobt. Während der gemeinsam verbrachten Oster-
ferien kam es zwischen beiden zur Beiwohnung. Im Sommer desselben Jahres
kündigte der Beklagte brieflich das Verlöbnis auf, was die Klägerin tief betrübte.
Sie erhob gegen den Verlöbnisbrecher Klage aus § 1300 BGB auf Zahlung von
immerhin satten 1000 DM.[13] Als Begründung führte sie ihre entstandenen
Schwierigkeiten an, einen anderen Mann zu finden. Immer mehr Männer würden
Wert auf geschlechtliche Unbescholtenheit legen, die sie nunmehr wegen des Ver-
schuldens des Beklagten auf dem Heiratsmarkt partout nicht mehr zu bieten habe.

Das Amtsgericht Münster erhob keinen Beweis, sondern schwang sich viel lie-
ber in höhere verfassungsrechtliche Sphären auf. Es kam zu der bahnbrechenden
Entscheidung, daß die Kranzgeldvorschrift gegen den verfassungsrechtlichen
Gleichbehandlungsgrundsatz von Mann und Frau verstößt:[14]

»Der Anspruch der Kl. auf das geltend gemachte Kranzgeld besteht nicht, da nach Auffassung
des Gerichtes die Vorschrift des § 1300 BGB verfassungswidrig ist.

Da die Vorschrift des § 1300 BGB vorkonstitutionelles Recht ist, haben die ordentlichen
Gerichte zu entscheiden, ob die Norm mit dem Grundgesetz vereinbar ist (*BVerfGE* 32, 296
= NJW 1972, 571). Nach Meinung des erkennenden Gerichtes ist die Regelung nicht mit Art.
3 II und III GG vereinbar, wonach Frauen und Männer gleichberechtigt sind und niemand
wegen seines Geschlechtes bevorzugt oder benachteiligt werden darf. Die Vorschrift des §
1300 BGB gewährt lediglich Frauen einen Entschädigungsanspruch nach einem mit
Geschlechtsverkehr verbundenen und grundlos aufgelösten Verlöbnis. Dafür ist kein Grund
ersichtlich. Den seelischen Schmerz wegen des gebrochenen Verlöbnisses empfindet ein
Mann nicht typischerweise geringer als eine Frau. Seine Partnerbindung und Liebesfähigkeit
sind nicht generell minder intensiv als die ihrige.

Irgendwelche besonderen biologischen oder seelischen Eigenarten der Frau rechtfertigen
nach Ansicht des Gerichtes eine Ungleichbehandlung nicht. Das in den Vorkriegsjahrzehnten
noch gegebene höhere Risiko der Frau aus einem vorehelichen Verkehr infolge einer möglichen Empfängnis und nichtehelichen Geburt wird heute durch die modernen zuverlässigen
Verhütungsmethoden fast völlig beseitigt. Deswegen und wegen des Abbaus ehemals über-
triebener Moralvorstellungen erleidet die soziale Wertschätzung einer Verlobten aufgrund
eines folgenlos gebliebenen Geschlechtsverkehrs keine weitere Einbuße. Sexuelle Kontakte
unter ernsthaften Verlobten gelten nicht nur in moralisch besonders laxen Gesellschaftskrei-
sen nicht mehr als anstößig. Daß sich daraus auch in der heutigen Zeit noch verminderte
Heiratschancen ergäben, ist nicht ersichtlich. Sie bedeuten überdies keinen Schaden, da heute
auch alleinstehenden Frauen alle beruflichen Ausbildungs- und Aufstiegsmöglichkeiten
offenstehen. Es liegt im Zuge des Wandels, den die Stellung der Frau seit der Jahrhundert-
wende in gesellschaftlicher und rechtlicher Hinsicht erfahren hat, daß sich die Frauen auch
ihrer Verantwortung für die geschlechtlichen Beziehungen zu den Partnern bewußt sind und
sich vielfach zu dieser Verantwortung bekennen [...].

Die Vorschrift verstößt gegen den Gleichberechtigungsgrundsatz, weil sie ohne Rücksicht darauf, auf wessen Initiative es zum Geschlechtsverkehr kam, die Verantwortung dafür einseitig dem Mann auferlegt. Wegen der Verfassungswidrigkeit der Vorschrift kann die Kl. den geltend gemachten Entschädigungsbetrag nicht verlangen.«

Die vom Schicksal gezeichnete Klägerin erhob selbstverständlich Verfassungsbeschwerde, die aber vom Bundesverfassungsgericht nicht angenommen wurde.[15] Das Bundesverfassungsgericht stellte fest, daß das Amtsgericht – man höre und staune – »die Grenzen zulässiger Fortentwicklung des Rechts nicht überschritten hat«[16]. Man kann dies als verstecktes Lob auffassen, wobei man sich mit einem Blick auf die englische Rechtsprechung fragt, warum die höhere (hier sogar höchste) Instanz nicht einmal deutlicher Sympathie für die guten juristischen Arbeiter unterer Instanzen bekundet. So heißt es beispielsweise in den Gründen eines freisprechenden Urteils des »Court of Criminal Appeal« in dem Verfahren »Griffiths u.a.« (Anklage wegen Betrügereien zum Schaden eines Ministeriums):[17]

»Wir haben Anlaß, dem Richter (des ersten Rechtszuges) unsere Sympathie auszusprechen, der mit einer Aufgabe von so gewaltigem Ausmaß befaßt worden war.«

Ein ähnlicher Stil des Umgangs täte auch unserem komplizieren Instanzenzug sehr gut.[18] Der couragierte Münsteraner Richter – oder die Münsteraner Richterin? – hätte es verdient gehabt.

Der in allen Instanzen erfolglosen Klägerin sei zum Trost gesagt, daß die Heirat vielleicht auch nicht unbedingt das Maß aller Dinge gewesen wäre. Nicht von ungefähr folgt in Berlin auf die Mitteilung, daß jemand sich verlobt oder verheiratet habe, traditionell die Frage:

»Gegen wen?«[19]

---

[1] OLG Düsseldorf, Urt. v. 14.7.1993, 4 UF 102/92, NJW 1993, 3078.

[2] Vielleicht lag im Skatspielen des Mannes ein Grund für das Scheitern der Ehe? Schon bei Hemmingway heißt es in »Der Spieler, die Nonne und das Radio«: »Kein Spieler hat Glück bei den Frauen. Er ist zu beschäftigt. Er arbeitet nachts, wenn er bei der Frau sein sollte.«

[3] OLG Düsseldorf, a.a.O.

[4] OLG Düsseldorf, a.a.O.

[5] Zitiert aus Schrader, Herman: Der Bilderschmuck der deutschen Sprache, 7. Aufl., Berlin 1912, S. 457.

[6] Vgl. in dem Zusammenhang auch § 672 Abs. 1 BGB, wonach Spielschulden Ehrenschulden sind: »Durch Spiel oder durch Wette wird eine Verbindlichkeit nicht begründet. Das auf Grund des Spiels oder der Wette Geleistete kann nicht deshalb zurückgefordert werden, weil eine Verbindlichkeit nicht bestanden hat.«; vgl. auch Günther, Jörg-M.: BGB in Reimen, S. 68.

[7] Vgl. Schrader, Herman: Der Bilderschmuck der deutschen Sprache, S. 457.

[8] Vgl. dazu BGHZ 20, 195; zuständig für den Prozeß ist übrigens das Gericht des Ortes, an welchem die Ehe voraussichtlich geschlossen worden wäre, vgl. Soergel, § 1300 BGB, Rn. 10.

[9] Vgl. RG JW 1906, 65; 1908, 304; LG Essen, FamRZ 1957, 175: Die Verletzung des Hymens widerlegt für sich allein noch nicht die Vermutung der Unbescholtenheit; Soergel, § 1300 BGB, Rn. 4 und 7.

[10] Soergel, § 1300 BGB, Rn. 5.

Vgl. Ott, Martin: Verfassungskonforme Auslegung des § 1300 BGB, MDR 1973, S. 104: »Der durch Verlöbnisbruch verursachte Seelenschmerz ist bei einem Mann nicht geringer als bei einer Frau. Die Ausführungen hierzu in BGHZ 20, 195 entsprechen nicht den Erkenntnissen der Geschlechterpsychologie. Die Behauptung von der vielfach stärkeren persönlichen Gebundenheit an den Verlobten kommt einer Herabwürdigung der Liebesfähigkeit des Mannes gleich.«

[12] AG Münster, Urt. v. 8.12.1992, 50 C 628/92, NJW 1993, 1720.

[13] Vgl. zu Schadenshöhe auch Soergel, § 1300 BGB, Rn. 9: »Über die Höhe ist gemäß § 287 ZPO nach freiem richterlichen Ermessen unter Berücksichtigung aller Umstände zu entscheiden. Eine an Jahren vorgerückte Braut kann nur geringere Ansprüche stellen.«

[14] AG Münster, NJW 1993, 1720.

[15] BVerfG, Beschl. v. 5.2.1993, 1 BvR 39/93. Die näheren Gründe finden sich in zusammengefaßter Form in der NJW 1993, 1720–1721.

[16] BVerfG, a.a.O.

[17] Court of Criminal Appeal, Vol. 49, 1965, S. 279–297; vgl. dazu Seibert, Claus: Aus der englischen Rechtsprechung – Strafrecht –. MDR 1965, S. 552–553.

[18] Siehe auch den Stoßseufzer von Seibert, Claus: MDR 1965, S. 553: »Möchten sich doch auch in unseren Rechtsmittelentscheidungen solche Sympathiekundgebungen finden.«

[19] Zitiert aus Büchmann, Georg: Geflügelte Worte, S. 391.

81

XII. Von Gesetzen und Definitionen

1. Die Gesetzesfabrik

*Wenn Sie Gesetze und Würste mögen, dann sollten
Sie niemals bei der Herstellung von beiden zuschauen.*

OTTO VON BISMARCK

Die Gesetzesmaschinerie läuft schneller und schneller, die Verrechtlichung des Lebens schreitet in Windeseile voran. Unverdrossen ist das Parlament damit beschäftigt, fortwährend neue Gesetze in das Bundesgesetzblatt zu schreiben, so daß wir in einer Flut von Vorschriften zu ertrinken drohen.[1] Es gibt immer mehr, immer längere und immer unverständlichere Vorschriften. Als wahres Horrorbeispiel aus dem Gesetzesfundus sei nur auf den aus acht Absätzen bestehenden § 1587a BGB verwiesen, der umfangreichsten Vorschrift des Bürgerlichen Rechts.[2] Ganz offensichtlich hatten die Gesetzesmacher nicht den Philosophen Seneca studiert: »Ein Gesetz muß kurz sein, damit es von Unkundigen desto leichter behalten werde.«[3] Nur bei § 2254 BGB, der kürzesten Vorschrift des BGB[4], wurde dies im deutschen Recht berücksichtigt, denn dort heißt es kurz und knapp: »Der Widerruf erfolgt durch Testament.« Im allgemeinen ist es selbst Eingeweihten heute kaum noch möglich, über den aktuellen Gesetzesstand in Deutschland den Überblick zu behalten. Prof. Lüke hat dieses Problem in seinem leider sehr aktuellen Aufsatz »Zur Krise des Rechtsstaates« höchst anschaulich auf den Punkt gebracht:[5]

»Wenn der letzte sorgenvolle Gedanke eines umsichtigen Hochschullehrers unmittelbar vor dem Betreten des Hörsaals regelmäßig ist, hoffentlich habe ich alle Gesetze *in der zur Zeit geltenden Fassung* bei mir, dann ist dies ein Indiz dafür, daß die Gesetzgebung nicht mehr in Ordnung ist.«

Recht hat er! Die Gesetze sitzen beim Gesetzgeber offenbar so locker wie die Colts im Wilden Westen[6]. Rechnet man noch die ungeheure Gesetzesflut auf europäischer Ebene hinzu[7], die über das deutsche Recht hereinbricht, dann muß man beim Ringen um Gesetzeskenntnis in der Tat entweder völlig verzweifeln oder hemmungslos zynisch werden. Als kleiner Trost mag dabei ein schöner Ausspruch des Juristenkollegen Goethe dienen: »Wenn man alle Gesetze studieren sollte, so hätte man gar keine Zeit, sie zu übertreten.« Falls man sich dennoch die Zeit zur trockenen Gesetzeslektüre nimmt, beziehungsweise pflichtgemäß als Jurist nehmen muß, stößt man immer häufiger auf handwerkliche Fehler des Gesetzgebers und auf gesetzlich normierte Ungerechtigkeiten. Die Juristen – speziell die Anwälte – werden so »zu Würmern, die nur von faulem Holz leben«[8]. Kaum eine Gesetzesnovelle hat genug Zeit für notwendige Reifeprozesse.[9]

Redaktionsversehen en masse runden das betrübliche Bild der Gesetzesfabrikation ab.[10] Es kann deshalb nicht verwundern, daß bei den Gesetzesunterworfenen – eine wahrlich treffende wie treffliche Bezeichnung – der Respekt vor dem Gesetz nachläßt. Ein erschütterndes Beispiel bietet ein Fall, den das Oberlandesgericht Düsseldorf 1986 zu entscheiden hatte.[11]

Vor einem Familiengericht, einer besonderen »Desillusionsanstalt des Rechts«[12], hatte ein Mann in der mündlichen Verhandlung seiner Sache mehrfach die familienrechtlichen Vorschriften als »Scheißgesetz« bezeichnet. Er hatte sich dabei auch nicht von der gutgemeinten Warnung des Gerichts abhalten lassen, daß eine Fortsetzung des Verhaltens unter Umständen Ordnungsmittel nach sich ziehe. Nachdem es der aufgebrachte Gesetzeskritiker schließlich abgelehnt hatte, dem Rat seines Anwalts zu folgen und sich für die Äußerungen im Gerichtssaal zu entschuldigen, verhängte das Amtsgericht gegen ihn ein Ordnungsgeld wegen Ungebühr, § 178 GVG[13].

Es kam zur Beschwerde, die beim OLG Düsseldorf auf ein gewisses Verständnis stieß:[14]

»Der Umstand, daß der Antragsteller ausweislich des Protokolls mehrfach in Bezug auf das geltende Familienrecht von einem »Scheißgesetz« gesprochen hat, rechtfertigt nicht die erfolgte Verhängung des Ordnungsgeldes nach § 178 GVG. Auch die Kritik an bestehenden Rechtsnormen gehört grundsätzlich zum grundrechtlich geschützten Bereich der Meinungsfreiheit. Zwar hat sich der Antragsteller hierzu vulgärer und zu mißbilligender Formulierungen bedient. Eine *ahndungsbedürftige* Ungebühr i.S. des § 178 GVG vermag der Senat hierin jedoch nicht zu sehen. Eine solche setzt eine Mißachtung der Aufgaben des Gerichtes in einer nach allgemeinem Empfinden grob unangemessenen Weise voraus, d.h. eine Verhaltensweise, welche geeignet ist, die Rechtspflegeaufgaben des Gerichts zu verletzen und die Ordnung der Gerichtsverhandlung zu stören. Daß der Antragsteller durch die erwähnte Äußerung seine Mißachtung gegenüber dem Familiengericht kundtun, dieses provozieren und den Verhandlungsablauf stören wollte, kann der Senat nicht feststellen. Vielmehr ging es dem Antragsteller allein darum, in – wenn auch derber Weise – seine Empfindungen über die ihm unverständliche und von ihm nicht akzeptierte Gesetzeslage zum Ausdruck zu bringen. Dies zeigt der Umstand, daß er ausweislich des Protokolls die Formulierung »Scheißgesetz« im Anschluß an seine Feststellung gebrauchte, er finde es schlimm, daß die Tage für die Ehezeit mal zurück- und mal vorverlegt würden.«

Man kann vermuten, daß den Richtern bei ihrer Entscheidung über die Beschwerde bewußt war, daß die Gesetze – wenn sie sprechen könnten – sich zuallererst über die Juristen beschweren würden.[15] Vielleicht war es insofern das schlechte Gewissen der Zugehörigkeit zu dieser Zunft, welches bei den Richtern überraschende Milde walten ließ.[16] Wie dem auch sei – man muß sich spätestens anläßlich des Düsseldorfer Falls Gedanken über die künftige Gesetzesproduktion machen, soll es nicht zu weiteren »Scheißgesetzen« kommen[17]. Wie so oft können wir vielleicht aus der Vergangenheit lernen:[18]

»In einer Stadt Altgriechenlands soll es üblich gewesen sein, daß derjenige, der ein neues Gesetz einbringen wollte, sich mit einem Strick um den Hals vor der Volksversammlung auf einen Tisch stellen mußte. Er begründete die Notwendigkeit des Gesetzes. Fand es Beifall, wurde der Strick weggenommen, fiel es durch, der Tisch.«

Dieses zugegebenermaßen etwas drastische Beispiel aus der Antike wäre natürlich in unserem modernen Rechtsstaat als Modell der Gesetzgebung in seiner Reinform kaum durchsetzbar. Das Grundgesetz würde so etwas nie erlauben, alle deutschen (und erst recht europäischen) Politiker würden bei dem Verfahren über kurz oder lang auf unrühmliche und spektakuläre Weise im wirklich wahrsten Sinne des Wortes aussterben. Wer sollte uns dann regieren?

Wir können aber von den Griechen lernen, daß man für Gesetze eine große Verantwortung trägt und sich ihrer bei Entscheidungen immer bewußt sein muß. Heutzutage wird dies viel zu oft unter dem Druck des politischen Tagesgeschäfts vergessen oder kunstvoll verdrängt. So gesehen hat das historische Verfahren – als Denkmodell – seinen ganz besonderen Charme. Es sollte allen modernen Gesetzesmachern zugleich Ansporn, aber auch Warnung sein!

2. Die juristische Definition der »Eisenbahn« und »Straßenbahn«

Wenn ein Jurist wissen will,
was ein Baum ist, schaut er ins Gesetz.
ERNST SPANGENBERG[19]

Der Richter Ernst Spangenberg hat durch sein Bild vom Juristen, der nicht weiß, was ein Baum ist, wenn er keine juristische Definition dazu findet, die Definitionsgläubigkeit der juristischen Gemeinde mit einem sehr spöttischen Blick bedacht.[20] Seine wunderbare Metapher enthält leider viel Wahres. Von Juristen und Juristinnen wird allerdings erwartet, daß sie immer wissen, was rechtlich Sache ist, wozu nun mal auch die Kenntnis von Definitionen gehört. Die Gesetzeskundigen dürfen nur nicht den Blick auf das Wesentliche verlieren: es läßt sich im juristischen Tagesgeschäft nicht alles *per definitionem* regeln.

Besonders wichtig sind allerdings die sogenannten Legaldefinitionen, also für bestimmte Gesetzesbegriffe gesetzliche Umschreibungen, die sich der Gesetzgeber in der trügerischen Hoffnung ausgedacht hat, dadurch klarere Verhältnisse zu schaffen.[21]

Klassisches Beispiel ist § 276 BGB, wo geregelt wird, wann Mann oder Frau fahrlässig handelt: »Fahrlässig handelt, wer die im Verkehr erforderliche Sorgfalt außer acht läßt.« Alles klar? Wohl kaum – durch Legaldefinitionen werden manchmal alle Klarheiten gesetzlich beseitigt. Rechtsprechung und Literatur müssen dann zur Schadensbegrenzung einschreiten und – nicht ohne intellektuellen Genuß – Definitionen zu Definitionen entwickeln.[22] Wie man die Definitionskunst auf hohem, um nicht zu sagen höchstem Niveau betreiben kann, sollen uns legendäre Beispiele aus der Rechtsgeschichte zeigen.

Das gute alte Reichsgericht hat 1879 mit seiner berühmten Eisenbahndefinition vorexerziert, wie man definiert.[23] Die Entscheidung ist immer wieder lesenswert.[24]

Das Reichsgericht setzte in dem Haftpflichtfall zunächst – methodisch korrekt – bei der wichtigen Frage an, was eigentlich »Eisenbahn« rein sprachlich bedeute, nämlich »eine Bahn von Eisen zwecks Bewegung von Gegenständen auf derselben«[25]. Dann folgt die bahnbrechende juristische Definition, was denn eine Eisenbahn genau sei:[26]

»Ein Unternehmen, gerichtet auf wiederholte Fortbewegung von Personen oder Sachen über nicht ganz unbedeutende Raumstrecken auf metallener Grundlage, welche durch ihre Konsistenz, Konstruktion und Glätte den Transport großer Gewichtsmassen, bzw. die Erzielung einer verhältnismäßig bedeutenden Schnelligkeit der Transportbewegung zu ermöglichen bestimmt ist und durch diese Eigenart in Verbindung mit den außerdem zur Erzeugung der Transportbewegung benutzten Naturkräften (Dampf, Elektrizität, tierischer oder menschlicher Muskeltätigkeit, bei geneigter Ebene der Bahn, auch schon der eigenen Schwere der Transportgefäße und deren Ladung usw.) bei dem Betrieb des Unternehmens auf derselben eine verhältnismäßig gewaltige (je nach den Umständen nur in bezweckter Weise nützliche oder auch Menschenleben vernichtende und menschliche Gesundheit verletzende) Wirkung zu erzeugen fähig ist.«

Wie sprachlich schmucklos und trist ist doch dagegen die Eisenbahndefinition im heutzutage geltenden Eisenbahngesetz, wo es in § 1 heißt:

»Eisenbahnen im Sinne dieses Gesetzes sind Schienenbahnen mit Ausnahme der Straßenbahnen und der nach ihrer Bau- oder Betriebsweise ähnlichen Bahnen, der Bergbahnen und der sonstigen Bahnen besonderer Bauart.«

Apropos Straßenbahnen – auch sie mußten schon juristisch definiert werden. Hohes Ansehen in der Fachwelt erwarb sich dabei das Oberlandesgericht Neustadt. Es hatte im Fall einer strafrechtlichen Transportgefährdung die schwere Entscheidung zu fällen, was denn eigentlich eine Straßenbahn im Sinne des Strafgesetzbuches sei. Die Aufgabe wurde mit Bravour gelöst:[27]

»Straßenbahn im Sinne des Gesetzes ist ein solcher schienengebundener, von mechanisch wirkenden Kräften in Gang gesetzter und in Gang gehaltener Fahrbetrieb, der dazu bestimmt und nach seiner Betriebsart darauf eingerichtet ist, die allgemeinen Verkehrsstraßen menschlicher Siedlungen zu durchfahren, gegebenenfalls also auch durchfahrene benachbarte menschliche Siedlungen miteinander zu verbinden.«

Jetzt weiß man es ganz genau. Lassen wir ehrfurchtsvoll die juristischen und sprachlichen Leistungen der kundigen Richter auf uns wirken. Man kann sich an deren Definitionskunst und an der Juristerei regelrecht berauschen – so etwa muß es Goethe bei seinem Straßburger Jurastudium ergangen sein:[28]

»Die Jurisprudenz fangt an, mir sehr zu gefallen. So ist es doch mit allem wie mit dem Merseburger Bier, das erste Mal schauert man, und hat man's eine Woche getrunken, so kann man's nicht mehr lassen.«

3. Die juristische Definition der »Satire«

Difficile est satiram non scribere.

JUVENA[29]

Satire und Karikatur bereiteten der Justiz, die regelmäßig wegen Beleidigungsdelikten eingeschaltet wurde, schon immer Probleme.[30] Dies liegt wohl daran, daß die nüchterne Paragraphenwelt und die ganz andere Welt der Kunst in solchen Kunstprozessen oft ungebremst aufeinanderprallen. Häufig werden die Probleme allerdings pragmatisch gelöst; man sollte die Findigkeit von Juristen nie unterschätzen. Die Urteile, die sich mit dem satirischen Thema pflichtgemäß zu befassen haben, werden oftmals von den entscheidenden Richtern einfach selbst zur richterlichen Realsatire umfunktioniert. Wenn man sich an den berühmten Schweinchen-Prozeß rund um die Karikaturen von Rainer Hachfeld erinnert, wo ein bekannter Politiker als Schwein gezeichnet wurde, welches mit richterlicher Amtstracht tragenden Schweinen kopulierte[31], dann könnte der ganze Prozeßverlauf durchaus auch nur dem Gehirn eines begabten Satirikers entsprungen sein[32].

Ich kann mir jedenfalls gut vorstellen, daß sich der Zeichner Hachfeld bei dem Gedanken an die Bundesverfassungsrichter, die sich im höchstrichterlichen Zimmer bei der Suche nach Gerechtigkeit widerwillig-pflichtbewußt über seine schweinischen Bilder beugten und die Schweinereien ernsthaft juristisch und sonstwie diskutieren mußten, vor diabolischem Lachen kaum halten konnte. Selbiges ist dem Zeichner der tierischen Machwerke allerdings dann später vergangen.[33] Er bekam kein Recht, sondern sein – vom Bundesverfassungsgericht bestätigtes – Strafurteil. Wie heißt doch der wunderschöne Ausspruch von Lord Mildew im Fall »The Dukeries«: »Man mag über die Justiz lachen, aber die Justiz lacht zuletzt!«[34]

Satire und Justiz haben also etwas gemeinsam. Beide wollen lachen, am besten zuletzt, und auch in der Sache ernst genommen werden.[35] Apropos Ernst – wer sich ernsthaft mit dem Thema »Satire und Justiz« befaßt, stößt unweigerlich auf die uralte Satire-Definition des Reichsgerichts. Sie darf als »Mutter« des Satire-Rechts in diesem Band über kuriose Rechtsfälle nicht fehlen:[36]

»Den Anlaß zu der Handlung des Angeklagten bildet ein Vorfall, bei dem der Polizeiwachtmeister M., während er sich auf seinem nächtlichen Dienstgange befand, den Oberrealschüler H. erschossen hat. Vier Tage nach diesem Vorkommnis ist in der Presse der Aufsatz erschienen, der dem Angeklagten zur Last liegt. Der Aufsatz gibt nach einem einleitenden Hinweis auf den genannten Vorfall eine öffentlich auf die Polizeimannschaft von R. abzielende Darstellung. Dazu führte das Urteil aus, es werde durch den Aufsatz »Märchen von russischen Zuständen« (im Zusammenhalt mit der ihm beigegebenen Zeichnung) den Polizeiwachtmeistern nachgesagt, »sie überböten sich förmlich unter schwerstem Mißbrauch ihres Amtes in der Zunft menschlichen Niederschießens friedlicher Straßenbenutzer und würden dafür von ihren Vorgesetzten noch geschützt und ausgezeichnet«. Hierdurch aber würde die Polizeibeamtenschaft in ihrer Beamten- und Berufsehre angegriffen. Es scheint nach dieser Stelle des Urteils, als hätte das Schwurgericht den Inhalt des Aufsatzes in seinem Wortsinne genommen. Jedenfalls ist nicht klar, ob sich das Schwurgericht bei der Würdigung der Sache des Wesens der Satire bewußt gewesen ist und der Darstellung die ihr gegenüber als einer satirischen gebotene besondere Beurteilung hat angedeihen lassen.

Es ist der Satire wesenseigen, daß sie, mehr oder weniger stark, übertreibt, d. h. dem Gedanken, den sie ausdrücken will, einen scheinbaren Inhalt gibt, der über den wirklich gemeinten hinausgeht, jedoch in einer Weise, daß der des Wesens der Satire kundige Leser oder Beschauer den geäußerten Inhalt auf den ihm entweder bekannten oder erkennbaren tatsächlich gemeinten Gehalt zurückzuführen vermag, also erkennt, daß tatsächlich nicht mehr als dieser geringere Inhalt gemeint ist. Die Satire und die Karikatur ziehen oft, wenn sie Mißstände rügen oder geißeln wollen, in jener übertreibenden, verzerrenden Weise die letzten Folgerungen aus dem Bestehen des Mißstandes, um diesen, mag er selbst auch keineswegs in einer so starken Form aufgetreten sein, recht handgreiflich und darum eindrucksvoll als solchen zu kennzeichnen. Daraus folgt, daß eine satirische Darstellung nicht nach ihrem Wortsinn genommen werden, sondern erst des in Wort und Bild gewählten satirischen Gewandes entkleidet werden muß, bevor beurteilt werden kann, ob das, was in dieser Form ausgesprochen und dargestellt ist, den Tatbestand einer strafbaren Handlung, im besonderen einer Beleidigung (sei es nach § 186 oder 187, oder aber nach § 185 StGB.) enthält.

Da die Ausführungen des angefochtenen Urteils zum mindesten den Zweifel offen lassen, ob das Schwurgericht das Wesen der Satire hinreichend berücksichtigt hat, ist eine wiederholte Prüfung der Sache geboten.«

Ob der Tatrichter die Aufgabe der Entkleidung der Satire, wie vom Reichsgericht gefordert, später befriedigend gelöst hat, ist nicht bekannt. Die Satire ist jedenfalls für alle Gerichte und Richter ein rechtliches Feld, wo unzählige juristische Nadelöhre ihrer Kamele harren.[37]

---

1 Vgl. Lüke, Gerhard: Zur Krise des Rechtsstaates, NJW 1995, S. 173 ff.; über die zahlreichen Gesetze freut sich aber die Bundesanzeiger Verlagsgesellschaft. Gönnen wir ihr dies, zumal sie neben den Gesetzesblättern auch so schöne Bücher wie »Warum heißt der Palandt Palandt?« herausbringt (Hrsg. Elmar Matthias Hucko, Bonn 1995).

2 Vgl. auch §§ 35 und 37 Zivildienstgesetz, jeweils acht Absätze – Spitzenreiter ist § 47 Zivildienstgesetz mit zehn Absätzen!

3 § 1587 a BGB gibt auch Charles de Gaulle recht: Er hat einmal gesagt, daß die zehn Gebote – der Archetypus von Gesetzen – nur deshalb so kurz und verständlich seien, weil sie ohne Mitwirkung einer Sachverständigenkommission entstanden seien.

4 Vgl. Lenz, Karl-Friedrich: Das Ungewöhnlichste im Recht, S. 37; der kürzeste Satz im Grundgesetz lautet übrigens: »Eigentum verpflichtet.«

5 NJW 1995, 173.

6 In Weiterführung einer Formulierung von Lüke, Gerhard: NJW 1995, S. 173.

7 Vgl. dazu auch Wolf, Joachim: Die Revision des Grundgesetzes durch Maastricht, JZ 1993, S. 594.

8 Vgl. Kirchmann v.: Die Wertlosigkeit der Jurisprudenz als Wissenschaft, 1848.

9 Vgl. die ausführliche Darstellung von Lüke, Gerhard: Zur Krise des Rechtsstaates, NJW 1995, S. 173 ff.; manche Gesetzesnovelle wirkt auch romanhaft, wie Prof. Heinz Müller-Dietz einmal so wunderbar formuliert hat.

10 Vgl. dazu Riedl: Die Rechtsfigur des Redaktionsversehens des Gesetzgebers, AöR 1994, S. 642 ff.

11 OLG Düsseldorf, Beschl. v. 10.4.1986, 19 W 9/86, NJW 1986, 2516.

12 Frei nach einem Ausspruch von Rudolf Rolfs.

13 § 178 Ordnungsmittel wegen Ungebühr:»Gegen Parteien […], die sich in der Sitzung einer Ungebühr schuldig machen, kann vorbehaltlich der strafrechtlichen Verfolgung ein Ordnungsgeld bis zu zweitausend Deutsche Mark oder Ordnungshaft bis zu einer Woche festgesetzt und vollstreckt werden.«

14 OLG Düsseldorf: Beschl. v. 10.4.1986. 19 W 9/86. NJW 1986, 2516.

15 So die nicht fernliegende Vermutung von George Savile, First Marquis of Halifax – zitiert aus: Tange, Ernst Günter: Vom Vergnügen Recht zu haben. Zitatenschatz für Juristen, Frankfurt 1992, S. 36.

16 Vgl. aber auch Lüke, Gerhard: NJW 1995, 175: »Wenn die Menschen das Recht nicht mehr verstehen, was z.B. für Teile des Familienrechts zutreffen dürfte, wird die Gefahr heraufbeschworen, daß der Rechtsstaat zu einem abstrakten Gebilde, zu einer dem Staatsvolk gleichsam übergestülpten Glocke wird.« – Lüke bringt auch Beispiele für schlampiges Gesetzeshandwerk gerade im Bereich des Familienrechts: NJW 1995, S. 173.

17 Die pauschale Verurteilung der familienrechtlichen Vorschriften als »Scheißgesetze«, wie sie im Düsseldorfer Fall vorkam, wird natürlich von mir nicht gutgeheißen bzw. geteilt. Vgl. dazu auch Günther, Jörg-M.: BGB in Reimen, S. 99 ff.

18 Das nachfolgende Zitat stammt aus dem Werk von Eberhard Puntsch: Witze, Fabeln, Anekdoten, München 1968, S. 373.

19 Vgl. dazu die mit Recht positive Rezension von Clerc: NJW 1987, S. 1396; siehe auch Günther, Jörg-M.: Baumschutzrecht, München 1994, S. 3.

20 Zu allem Rechtlichen rund um den Baum, aber auch zu seinem Charakter als »Lebewesen« vgl. Günther, Jörg-M.: Baumschutzrecht, 1994.

21 Z. B. § 11 Abs. 1 Nr. 2 StGB:»Im Sinne dieses Gesetzes ist Amtsträger, wer nach deutschem Recht Beamter oder Richter ist...«; vgl. zur Thematik F. Ebel: Über Legaldefinitionen, jur. Dissertation, Tübingen 1973.

22 Die Fachbeiträge und Urteile zu § 276 BGB sind Legion; zu den Schwierigkeiten mit Legaldefinitionen vgl. auch RGZ 149, 238; BGH LM § 779 BGB Nr. 2.

23 RGZ 1,247; siehe dazu auch den lesenswerten Beitrag von Beaumont: JurBüro 1993, S. 397.

24 Vgl. aber den Hinweis von Beaumont in seinem Aufsatz »Definitonen« (JurBüro 1993. S. 397) auf die satirische Reaktion des Publizisten Ludwig Reimers auf die Eisenbahndefinition des Reichsgerichts – hiernach soll Reimers unter Verwendung des reichsgerichtlichen Stils das »Reichsgericht« wie folgt »definiert« haben:
»Das Reichsgericht ist eine Einrichtung, welche eine dem allgemeinen Verständnis entgegenkommen sollende, aber bisweilen durch sich nicht ganz vermeiden lassende, nicht ganz unbedeutende bzw. verhältnismäßig gewaltige Fehler in Satzbau auf der schiefen Ebene des durch verschnörkelte und ineinander geschachtelte Perioden ungenießbar gemachten Kanzleistils herabgerollte Definition, welche eine das menschliche Sprachgefühl verletzende Wirkung zu erzeugen fähig ist, liefert.«

25 Vgl. zur Rübenbahn: RGSt. 13,382.

26 Gemeint ist ein Eisenbahnunternehmen im Sinne des § 1 des damaligen Reichshaftpflichtgesetzes; zu aktuellen Haftungsfragen rund um die Bahn vgl.: Filthaut, Werner: Die neuere Rechtsprechung zur Bahnhaftung, NZV 1994, S. 175 ff.

27 OLG Neustadt, Urt. v. 12.11.1952, Ss 177/52, NJW 1953, 394.

28 Vgl. Sina, Peter: Goethe als Jurist, NJW 1993, S. 1430.

29 Zu deutsch:»Es ist schwer, da keine Satire zu schreiben.«

30 Vgl. Würtenberger, Thomas: Satire und Karikatur in der Rechtsprechung, NJW 1983, S. 1144 ff.; Hill-

gruber, Christian/Schemmer, Franz: Darf Satire wirklich alles? JZ 1992, S. 946 ff.; Karpen, Ulrich/Hofer, Katrin: Die Kunstfreiheit des Art. 5 III 1 GG in der Rechtsprechung seit 1985. Teil 1, JZ 1992, S. 951 ff.; Würkner, Joachim: Das Bundesverfassungsgericht und die Freiheit der Kunst, München 1994; Senfft, Heinrich: Schmäher vor Gericht, Göttingen 1993.

[31] Das mit der Sache befaßte BVerfG deutet die Aussage dahingehend, daß mit der Bezeichnung dem Politiker vorgehalten wurde, er empfinde ein tierisches Vergnügen an einer ihm willfährigen Justiz; vgl. BVerfG, JZ 1987, 1075 = BVerfGE 75,369.

[32] Siehe zum vorangegangenen Prozeß, der zur Entscheidung des Bundesverfassungsgerichts »geleitete« auch HansOLG, JZ 1985, 344; vgl. dazu Würkner, Joachim: JA 1988, S. 188.

[33] Vgl. die Entscheidung BVerG, JZ 1987, 344.

[34] Vgl. Günther, Jörg-M.: Der Fall Max und Moritz, S. 115.

[35] Vgl. in dem Zusammenhang Hillgruber, Christian/Schemmer, Franz: JZ 1992, S. 951; lesenswert dazu ist auch Teubner, Ernst: Satirisches Rechtswörterbuch, 2. Aufl., Köln 1992; schön zu lesen ist auch das neue Werk von Elmar Mathias Hucko (Hrsg.): »Warum heißt der Palandt Palandt?«, Bonn 1995.

[36] RGSt. 62,182; vgl. zur Bedeutung der Reichsgerichtsentscheidung BVerfG, JZ 1987, 1075; BverfG, JZ 1992, 637; Karpen, Ulrich/Hofer, Katrin: JZ 1992, S. 955.

[37] Dieser Ausdruck stammt aus dem Aufsatz von Frank Schellenberg: Überlegungen zur öffentlichen Justizkritik, ZRP 1995, S. 42.

XIII. Autofahrer vor Gericht

1. Unfallfahrer lügen immer

Der Deutsche fährt nicht wie andere Menschen.
Er fährt, um Recht zu haben.

KURT TUCHOLSKY[1]

Die Verkehrssicherheit in der Bundesrepublik ist gekennzeichnet von irrsinnig hohen Unfallzahlen. Offenbar ist das der Preis, den die Gesellschaft für ihre grenzenlose Mobilität zu zahlen hat.[2] Man sollte sich aber hüten, Unfälle generell als schicksalhafte Ereignisse zu betrachten. Geht man sachlich an das Phänomen heran, zeigt sich, daß die Mehrzahl aller Schadensfälle auf fehlender Verkehrsdisziplin und Fahrfehlern der beteiligten Autofahrer beruht.[3] Es ist empörend, wenn eine draufgängerische Fahrensweise – Wissenschaftler bezeichnen dies als sogenanntes »Manta-Syndrom«[4] – in Büchern auf unerträgliche und gefährliche Weise verherrlicht wird. Skandalöses Beispiel ist das neue Werner-Buch mit dem Titel »Wer bremst, hat Angst«. Es sollte aus verkehrspädagogischen Gründen unverzüglich aus dem Verkehr gezogen werden.

In ihren »Kraft-Wagen«[5] bewegen sich leider viele Verkehrsteilnehmer und Verkehrsteilnehmerinnen in deutlichem Widerspruch zu den Grundregeln des Straßenverkehrsrechts. Wie heißt es so einprägsam in § 1 StVO:[6]

»(1) Die Teilnahme am Straßenverkehr erfordert ständige Vorsicht und gegenseitige Rücksicht.

(2) Jeder Verkehrsteilnehmer hat sich so zu verhalten, daß kein Anderer geschädigt, gefährdet oder mehr, als nach den Umständen unvermeidbar, behindert oder belästigt wird.«

Die Wirklichkeit sieht anders aus. Kaum eine Vorschrift wird in Deutschland häufiger verletzt. Kracht es auf den Straßen, will trotzdem niemand schuld gewesen sein. Vor Gericht wird dann auf Biegen und Brechen um die Verteilung des Schadens gerungen. Irgendwann haben dann Amtsrichter, die solche Fälle im Dutzend täglich auf den Tisch bekommen, die Nase gestrichen voll. Die Uneinsichtigkeit deutscher Autofahrer gerade in solchen Gerichtsverfahren, überschreitet offenbar zuweilen die Grenzen dessen, was ein Verkehrsrichter auf Dauer ohne Magengeschwür hinzunehmen bereit und in der Lage ist. Das anscheinend besonders betroffene Amtsgericht München wollte ein Zeichen setzen und hat sich in einer aufsehenerregenden Entscheidung einmal den tiefsitzenden richterlichen Frust von der Seele geschrieben.[7] Da dies nicht allzu häufig geschieht, stellt das Urteil einen gerichtspsychologisch interessanten Forschungsgegenstand dar.

Was war passiert? In München waren – wie so oft – zwei Autos zusammengestoßen. Einer der Unfallbeteiligten verlangte im Prozeß von seinem Gegner den Ersatz des Gesamtschadens von 2965 DM. Die Klage wurde mit einem nicht unbedingt freundlichen und verständnisvollen Eintrag in das Stammbuch aller Autofahrer abgewiesen:[8]

»Das Gericht hat auch noch nie erlebt, daß jemals ein Fahrer, der als Zeuge oder Partei vernommen wurde, eigenes Fehlverhalten eingeräumt oder zugestanden hätte. Wenn dies einmal tatsächlich passieren sollte, dann müßte man schlicht und einfach von einem Wunder sprechen. Wunder kommen aber in der Regel nur in Lourdes vor, wenn beispielsweise ein Blinder wieder sehen kann oder ein Lahmer wieder gehen kann, oder aber in Fatima, wenn sich während der Papstmesse eine weiße Taube auf den Kopf des Papstes setzt, und sogar in den dortigen Gegenden sind Wunder ziemlich selten, in deutschen Gerichtssälen passieren sie so gut wie nie, am allerwenigsten in den Sitzungssälen des AG München. Jedenfalls ist in Justiz- und Anwaltskreisen nichts davon bekannt, daß in der Pacellistr. 2 in München schon jemals ein Wunder geschehen wäre. Möglicherweise liegt dies daran, daß der liebe Gott, wenn er sich zum Wirken eines Wunders entschließt, gleich Nägel mit Köpfen macht und sich nicht mit einem banalen Verkehrsunfall beschäftigt. Vielleicht liegt aber die Tatsache, daß trotz der Unfehlbarkeit aller Autofahrer gleichwohl so viele Verkehrsunfälle passieren, schlicht und einfach daran, daß unsere Gesetze so schlecht sind. Dies hinwiederum wäre allerdings kein Wunder. Aus dem vorstehend Gesagten vermag nun der unbefangene Leser des Urteils schon unschwer zu erkennen, was die Zeugenaussage eines Fahrers eines unfallbeteiligten Fahrzeuges vor Gericht wert ist: nämlich gar nichts.«

Das hat gesessen! Man sieht geradezu bildlich den grantelnden bayerischen Amtsrichter vor sich, wie er den beiden zänkischen Autofahrern vor seiner Theke einmal so richtig die Leviten liest und danach im Bewußtsein seiner Machtfülle tiefbefriedigt zu Fuß (!) in den Biergarten abzieht, um seine juristische Großtat mit einer Maß Bier zu begießen. Doch lösen wir uns von diesen mehr am Rande liegenden Betrachtungen und konzentrieren uns auf eine fachliche Bewertung des eigentlichen Urteils. Die Entscheidung fällt eindeutig in die gefährliche Rubrik: Was ich schon immer einmal sagen wollte… In der Vergangenheit wurde deshalb das Urteil bereits von Prof. Dr. Hans Putzo (aus München) heftig kritisiert:[9]

»Was das Urteil des AG München angeht, muß ich in meiner Eigenschaft als Bayer mit Bedauern feststellen, daß es nicht einmal die Grenzen des gewöhnlichen Geschmacks einhält. Gewiß gibt es genügend Prozesse, die aufgrund verschiedener Ursachen zum Sarkasmus oder zur Satire herausfordern. Was sollen diejenigen Richter tun, die ihrem Drang nicht widerstehen können und sich im Wort auslassen wollen? Es bleibt die Möglichkeit, nach dem amtlichen Urteil eine private Fassung herzustellen. Dies kann dem Münchner Kollegen allerdings nur für den engsten Hausgebrauch angeraten werden, wenn überhaupt.«

Auch wenn man in ihrer polemischen Schärfe die Kritik von Putzo nicht völlig teilt[10] – ich finde das Urteil durchaus erfrischend und originell[11] – muß man feststellen, daß es rechtlich ziemlich angreifbar ist. Die Entscheidung dürfte kaum mit dem Grundsatz der freien Beweiswürdigung vereinbar sein.[12] Die Partei eines Zivilprozesses hat ein »Recht auf Beweis«, d.h., sie muß die Möglichkeit haben, ihr rechtliches Begehren durch Tatsachenbeweise zu untermauern.[13] Man darf deshalb nicht von vornherein fragwürdige Beweismittel wie zum Beispiel die Aussagen bundesrepublikanischer Autofahrer auf das juristische Abstellgleis schieben. Dies hat jedenfalls der Bundesgerichtshof ein Jahr nach der Entscheidung des Amtsgerichts München – allerdings in einem anderen Fall – unter Hinweis auf § 286 ZPO grundsätzlich festgestellt.[14] Wir wollen nicht kleinlich sein und dem Amtsgericht München vorhalten, daß es diese höchstrichterliche Rechtsprechung hätte voraussahnen müssen. Wenn so etwas tatsächlich einmal gelänge, so wäre dies ein wirkliches Wunder!

2. Manta, Manta

Vor Rot sind alle Autos gleich.

Sprayer-Spruch

Im Wilden Westen fahren viele Asphalt-Cowboys. Das Auto wird bei ihnen zum Kultgegenstand, die Straße zur Rennbahn. Vor einigen Jahren wurden einige Manta-Fahrer in dem Film »Manta, Manta« – natürlich mit Autos und Freundinnen – punktgenau portraitiert. Wie das beste Filmdrehbuch aber noch von der Realität überholt werden kann, zeigt ein Fall des Amtsgerichts Köln aus dem Jahre 1990: Der Sachverhalt wird in der NZV wie folgt zusammengefaßt:[15]

»Zum Sachverhalt: Am 12.8.1989 gegen 23.00 Uhr fuhr der Kl. mit seinem Pkw *Opel Manta* auf der B-Straße in K auf dem linken der beiden Fahrstreifen. In gleicher Fahrtrichtung fuhren der mit dem Kl. bekannte Zeuge *Sch* mit seinem Pkw *Opel Manta* und der mit dem Kl. bekannte Zeuge *Sp* mit seinem Pkw *Opel Manta*. Ebenfalls auf der B-Straße in gleicher Fahrtrichtung fuhr der Bekl. zu 2) mit seinem Pkw *Ford*, dessen Haftpflichtversicherer die Bekl. zu 1) ist. Der Bekl. zu 2) fuhr auf der gleichen Fahrspur wie der Kl. hinter diesem.

Nach dem Vortrag des Kl. überholte der Bekl. zu 2) diesen im weiteren Verlauf der Fahrt trotz ununterbrochenen weißen Mittelstreifens. Wegen Gegenverkehrs habe der Bekl. zu 2) so nahe vor dem *Manta* des Kl. einscheren müssen, daß der Kl. und die anderen Fahrzeuge der Zeugen zu einer Vollbremsung gezwungen worden seien. Da das Fahrzeug des Kl. stark tiefergelegt ist, sei es infolge der Extrembremsung mit dem Spoiler auf die Fahrbahn geraten und beschädigt worden. Die Bekl. stellen den Hergang wie folgt dar: Vor dem Bekl. zu 2) seien in gleicher Richtung zwei *Manta* nebeneinander gefahren, unmittelbar vor dem Bekl. zu 2) der Kl. mit seinem Fahrzeug. Beide Fahrzeuge seien maximal 40 km/h gefahren. An beiden Fahrzeugen seien die Seitenscheiben heruntergekurbelt gewesen. Die Insassen hätten sich während der Fahrt aus dem Pkw heraus die Hände gereicht und sich unterhalten. Der Bekl. zu 2) habe die Hupe betätigt, um die vor ihm fahrenden Fahrzeuge auf ihr behinderndes Verhalten aufmerksam zu machen. Beide Fahrzeuge hätten daraufhin so plötzlich abgebremst, daß

J'ose me flatter, messieurs, qu'en pareille matière
j'ai un certain coup d'œil

der Bekl. zu 2) eine Vollbremsung habe machen müssen, um einen Zusammenstoß zu vermeiden. Als alle Fahrzeuge gestanden hätten, seien aus den beiden Fahrzeugen vor dem Bekl. zu 2) einige Leute ausgestiegen und an den Pkw des Bekl. zu 2) getreten. Sie hätten gegen das Auto geschlagen und ihn aufgefordert, auszusteigen. Da er es mit der Angst zu tun bekommen habe, sei er davongefahren. Es werde bestritten, daß die vom Kl. geltend gemachten Schäden auf den Vorfall vom 12.8.1989 zurückzuführen seien. Im übrigen müsse der Kl. seinen Schaden auch deshalb selbst tragen, weil sein Fahrzeug tiefergelegt gewesen sei. Ein Fahrzeug müsse so beschaffen sein, daß es sich verkehrsgerecht fahren lasse und auch eine Notbremsung überstehe. Das *AG* hat die Klage abgewiesen.«

Das AG Köln hat sein Manta-Urteil im einzelnen wie folgt begründet:

»Der Kl. kann von den Bekl. keinen Schadensersatz verlangen wegen der Schäden, die bei dem Vorfall vom 12.8.1989 am Pkw des Kl. entstanden sein sollen.

Dem Grunde nach sind allerdings die Voraussetzungen für eine Haftung der Bekl. nach § 7 I StVG, § 3 PflVG gegeben. Zu dem Unfall ist es gekommen beim Betrieb des vom Bekl. zu 2) gefahrenen Fahrzeuges. Nach Durchführung der Beweisaufnahme geht das Gericht davon aus, daß der Bekl. zu 2) verkehrswidrig überholt hat, indem er eine durchgezogene Linie überfahren hat und dann so kurz vor dem Kl. eingeschert ist, daß er diesen zu einer Vollbremsung veranlaßt hat, wobei allerdings auch eine Rolle spielte eine inzwischen schon erreichte Ampel.

Die vom Kl. benannten Zeugen haben übereinstimmend den vom Kl. geschilderten Unfallhergang bestätigt. Trotz der von den Bekl. erhobenen Einwendungen gegen die Glaubwürdigkeit der Zeugen sieht das Gericht diesen Hergang als festgestellt an. Die Zeugen haben übereinstimmend, soweit sie in den im Tatbestand genannten drei Fahrzeugen gesessen haben, den vorstehend dargelegten Hergang geschildert. Für die Richtigkeit dieser Darstellung spricht insb. auch, daß die Darstellung des Bekl. zu 2) eher unwahrscheinlich erscheint. Für das Gericht ist nicht recht nachvollziehbar, wie bei einer Geschwindigkeit von immerhin 40 km/h sich Fahrzeuginsassen aus Fahrzeugen, die nebeneinander fahren, die Hände reichen sollen können und sich unterhalten können. Bei Zugrundelegung des vom Bekl. zu 2) geschilderten Herganges ist auch nicht recht nachvollziehbar, wieso es zu einem Zwischenfall gekommen sein soll. Der Kl. und die Zeugen hatten dann nicht die geringste Veranlassung, sich mit dem Bekl. zu 2) anzulegen. Auffällig ist auch, daß der Bekl. zu 2) es nicht für notwendig befunden hat, zum Termin zur Beweisaufnahme zu erscheinen, obwohl sein persönliches Erscheinen angeordnet war.

Gleichwohl muß jedoch der Kl. nach Ansicht des Gerichts seinen Schaden voll alleine tragen. Zu einem Zusammenstoß zwischen beiden Fahrzeugen ist es, wie im Tatbestand dargelegt, nicht gekommen. Das Fahrzeug des Kl. soll vielmehr bei der Vollbremsung vorne auf die Straße aufgeschlagen sein. Wenn das aber richtig ist, zeigt das, daß nach Ansicht des Gerichts das Fahrzeug des Kl. nicht geeignet zur Teilnahme am Straßenverkehr war. Zu der Notwendigkeit von Vollbremsungen kann es im Straßenverkehr aus den verschiedensten Anlässen immer wieder kommen. Ein Fahrzeug muß nach seiner Konstruktion geeignet sein, eine solche Vollbremsung zu überstehen, ohne durch Bremsvorgänge allein zu Schaden zu kommen. Diese Voraussetzungen waren beim Pkw des Kl. offensichtlich nicht gegeben. Der Kl. spricht selbst davon, daß das Fahrzeug stark tiefergelegt sei. Unbeschadet des Umstandes, daß diese Tieferlegung durch den TÜV genehmigt sein mag, können die dadurch bedingten Risiken nach Ansicht des Gerichts nicht anderen Verkehrsteilnehmern angelastet werden.

Ob etwas anderes gilt, wenn der Bekl. zu 2) den Kl. geschnitten hätte und willkürlich durch eine Vollbremsung ebenfalls zu einer Vollbremsung gezwungen hätte, kann dahinstehen. Nach Vernehmung der Zeugen lag diese Situation nicht vor. Nachdem der Bekl. zu 2) vor dem Kl. eingeschert ist und diesen dabei geschnitten haben mag, mußten der Bekl. zu 2), der Kl. und die anderen Fahrzeuge bremsen, weil sie zwischenzeitlich sich einer Ampel genähert hatten, die rot zeigte. Der Zeuge *B* hat bekundet, daß der Ford des Bekl. zu 2) wegen der roten Ampel ebenfalls eine Vollbremsung habe machen müssen. Entsprechendes hat der Zeuge *S* bekundet.

Nach alledem ist daher davon auszugehen, daß das Fahrzeug des Kl. den behaupteten Schaden davongetragen hat, weil, wie auch der Zeuge *S* bestätigt hat, der Spoiler sehr tief heruntergezogen war. Das führte offenbar dazu, daß bei einer Vollbremsung die erhebliche Gefahr bestand, daß das Fahrzeug vorne aufschlug, wofür auch die Aussage der Ehefrau des Kl. spricht. Im vorliegenden Fall hat sich diese Gefahr offensichtlich verwirklicht. Aus den dargelegten Gründen erscheint es nicht gerechtfertigt, dieses Risiko anderen Verkehrsteilnehmern anzulasten unbeschadet des Umstandes, daß diese durch falsches Verhalten im Verkehr Anlaß zu einer Vollbremsung gegeben haben.«

In Zukunft wird der Kläger den Spoiler am tiefgelegten Auto höher ziehen müssen, wenn er schadensrechtlich nicht im juristischen Niemandsland fahren will. Für einen echten Manta-Fahrer gibt es hingegen nur eine Reaktion auf das Urteil: Der Spoiler wird auf eigene Kosten repariert und bleibt, wo er war. Ein Manta-Spoiler ist schließlich nur ein richtiger Spoiler, wenn er fast den Asphalt kratzt. Der Kölner Fahrer wird das Problem der Gefahr weiterer Schadensfälle erfahrungsgemäß zu lösen wissen – er darf sich einfach nicht mehr ausbremsen lassen, schon gar nicht von einem Ford ...[16]

Ob dem Amtsgericht Köln wirklich klar war, welche Gefahren es durch sein Urteil für den Straßenverkehr heraufbeschworen hat? Andererseits gilt auch hier der alte Grundsatz: »Recht muß Recht bleiben, und wenn die Welt untergeht!«

3. Ein »berauschendes« Strafurteil

Im Straßenverkehr sitzt Justitia
immer auf dem Beifahrersitz!
AUSSPRUCH EINES VERKEHRSRICHTERS

Trunkenheitsfahrten im Straßenverkehr sind sehr gefährlich und müssen scharf geahndet werden. Manchmal fühlen sich Strafrichter dabei von den höheren Instanzen alleingelassen. Wohin der damit verbundene Frust und Groll führen kann, zeigt ein neues Urteil des Amtsgerichts Rheine aus dem Jahr 1994, welches zwingend in eine juristische Kuriositätensammlung gehört.[17]

In dem Fall hatte der Angeklagte mit seinem PKW unter erheblichem Alkoholeinfluß einen jugendlichen Radfahrer erfaßt. Danach flüchtete er von der Unfallstelle. Der schwerverletzte Jugendliche mußte mit dem Rettungshubschrauber ins Krankenhaus gebracht werden, wo die Milz entfernt wurde. Seit dem Unfall leidet das Opfer unter erheblicher Konzentrationsschwäche und Depressionen. Die am Unfalltag gezogenen Blutproben ergaben beim Fahrer eine Blutalkoholkonzentration von 1,82 und 1,73 Promille. Das Amtsgericht Rheine verurteilte den Angeklagten wegen vorsätzlicher Trunkenheitsfahrt, obwohl die Obergerichte in vergleichbaren Fällen nur Fahrlässigkeit annehmen. Die Begründung des Amtsgerichts Rheine sucht in der deutschen Rechtsgeschichte ihresgleichen und kann schon wegen ihres Umfangs leider nur in Auszügen wiedergegeben werden:[18]

Nach den getroffenen Feststellungen hat sich der Angekl. gem. §§ 315 c I Ziff. 1a, 223, 230, 142, 316, 52, 53 StGB strafbar gemacht. Er hat im Straßenverkehr ein Fahrzeug geführt, obwohl er infolge des Genusses alkoholischer Getränke nicht in der Lage war, das Fahrzeug sicher zu führen, und er hat dadurch – fahrlässig – Leib und Leben des Zeugen *B* nicht nur gefährdet, sondern diesen körperlich mißhandelt und an der Gesundheit beschädigt. Durch eine weitere selbständige Handlung hat er sich als Unfallbeteiligter nach einem Unfall im Straßenverkehr vom Unfallort entfernt, bevor er zugunsten der anderen Unfallbeteiligten und des Geschädigten die Feststellung seiner Person, seines Fahrzeugs und der Art seiner Beteiligung durch seine Anwesenheit und durch die Angabe, daß er an dem Unfall beteiligt war, ermöglicht hatte. Tateinheitlich hat er im Straßenverkehr ein Fahrzeug geführt, obwohl er infolge des Genusses alkoholischer Getränke nicht in der Lage war, das Fahrzeug sicher zu führen.

Der Angekl. handelte insbesondere bei der Gefährdung des Straßenverkehrs vorsätzlich, denn er kannte alle Tatbestandsmerkmale und wollte sie verwirklichen: Er wußte, daß er ein motorisiertes Fahrzeug im öffentlichen Straßenverkehr führte, ohne daß dies einer näheren Begründung bedürfte, denn: Aus der Bekundung des Zeugen *M*, der direkt hinter dem Angekl. fuhr und bis zum Unfall keinerlei Ausfallerscheinungen oder Fahrfehler bemerkt hatte, bis dieser dann den später Verletzten förmlich »aufs Korn« nahm, kann zweifelsfrei gefolgert werden, daß er, wenn auch nur grosso modo, das Fahrzeug beherrschte und also sich über diesen Umstand nicht im unklaren gewesen sein kann. Das einzige nämlich, was dem Zeugen auffiel, war, daß der Angekl. verhältnismäßig langsam fuhr, was erfahrungsgemäß darauf schließen läßt, daß er sich seines Zustandes sehr wohl bewußt war, so daß er sich veranlaßt sah, besonders vorsichtig zu fahren.

Da sich aus dem ärztlichen Blutentnahmebericht ergibt, daß der Angekl. bei klarem Bewußtsein voll orientiert war, darf auch eine Totalamnesie ausgeschlossen werden, so daß er auch nicht vergessen haben kann, zuvor getrunken zu haben […].

Die obergerichtliche Rechtsprechung nimmt in vergleichbaren Fällen an, nur wegen Fahrlässigkeit verurteilen zu können, weil die subjektive Seite nicht weiter aufzuklären sei, was jedoch einen erheblichen rechtsdogmatischen Fehler darstellt, weil die Frage der trunkenheitsbedingten Kritiklosigkeit in den Bereich der möglicherweise eingeschränkten Schuldfähigkeit gehört, doch dazu später. Diese Rechtsprechung verblüfft den praktischen Zeitgenossen, weil sie in offenbarem Widerspruch zur täglichen Erfahrung steht […].

Weniger intelligenten Menschen versucht man komplexe Theorien dadurch zu vermitteln, daß sie in Einzelschritte aufgelöst werden, damit sie von ihnen in ihrer konkreten Lebenserfahrung wiedergefunden werden können, indem man diese Theorien auf »Wenn-Dann-Beziehungen« reduziert: »Wenn Alkohol – dann Rausch« bzw. »Wenn viel Alkohol – dann starker Rausch«.

Daß der Mensch auf diese Weise die Wirklichkeit erfassen kann, ist gesichert und darf und muß deshalb auch auf die Erfahrungen mit dem Alkohol übertragen werden. Niemand kann behaupten, diese Zusammenhänge seien ihm fremd, denn dies belegt der alltägliche Augenschein: es wird allenthalben getrunken, viel getrunken, ja »gesoffen«, so daß ausgeschlossen werden kann, daß es – zumindest unter Erwachsenen – jemanden geben könnte, der, an sich selbst oder anderen, diese Erfahrungen nicht gesammelt und die Richtigkeit der o.a. Ursache-Wirkung-Verknüpfung nicht belegt gefunden hätte.

Daß dies so ist, wird durch einen Blick unter anderem in die Literatur deutlich, und so lohnt es sich, sozusagen in »Siebenmeilenstiefeln« eine Tour d'horizon durch die Welt des Rausches anzutreten oder eine – wenn auch sehr kursorische – »Kulturgeschichte des Rausches« zu versuchen. Ethnologen und Historiker berichten davon, daß der Mensch, nachdem er die ärgsten Widrigkeiten des Lebens bewältigt und die nackte Notdurft befriedigt hat, der Tristesse des Alltagslebens dadurch zu entfliehen gesucht hat, daß er sich mehr oder minder starke Rauschzustände ermöglicht hat, und, nachdem er diese Erfahrungen einmal gemacht hatte, danach strebte, diese – vorsätzlich – zu wiederholen. So verwundert es nicht, daß *Noah* (1. Mose 9, 20 f.), kaum daß er die Molesten der Sinflut hinter sich gebracht hatte, »Ackermann wurde und Weinberge pflanzte«, sein Produkt genoß und sich sinnlos betrank, mit wenig schicklichen Folgen, die hier der Erörterung nicht bedürfen. Nun schweigt sich die Schrift darüber aus, ob und wie oft *Noah* und seine Nachkommen das Ergebnis ihrer Arbeit konsumierten, aber so ganz selten dürfte es nicht gewesen sein, denn die mit dem Alkohol gemachten Erfahrungen scheinen sich verfestigt zu haben: Die Geschichte *Josephs*, eines unmittelbaren Nachkommen *Noahs* (1. Mose, 20, 23-50, 26), von der schon *Goethe* gemeint hatte, sie sei im Alten Testament ein wenig mager ausgefallen, weshalb sie zur literarischen Ausgestaltung geradezu auffordere, ist bekanntermaßen von *Thomas Mann* so kongenial ausformuliert worden, daß wir sie wie eine authentische Quelle benutzen dürfen. Dort heißt es (Der junge *Joseph*): »Öl und Wein sind der Sonne heilig und wohl dem, dessen Stirn vom Öle trieft und dessen Augen trunken schimmern vom roten Wein.« Später dann (*Joseph* in Ägypten): »Am Abend schwamm die Großstadt in Sorglosigkeit und bierseligem Glauben an das goldene Zeitalter. Die göttliche Schleppmannschaft zog bekränzt, mit Öl gesalbt und schwer betrunken durch die Straßen und durfte so ziemlich alles anstellen, was sie wollte.« »Bierselige Sorglosigkeit«: treffender kann auch ein Jurist den Kern der eingeschränkten Schuldfähigkeit i.S. des § 21 StGB (und nicht etwa der Irrtumsregelungen) nicht wiedergeben und damit ist auch präzise der Zustand beschrieben, in dem sich angetrunkene Autofahrer befinden, mit dem Unterschied nur, daß sie eben nicht anstellen dürfen, was sie wollen.

Um sich nicht in der Fülle der möglichen Zitate zu verlieren, verlassen wir die Welt des alten Testaments und begeben uns auf die Hochzeit zu *Kana* (Joh. 2, 1 f.), auf der wir eine offenkundig ziemlich betrunkene Gesellschaft antreffen, denn als das zu Wein verwandelte Wasser gereicht wurde, beschwerte sich der Speisemeister beim Bräutigam, weil: »Jedermann gibt zum ersten guten Wein, und (erst) wenn sie trunken geworden sind, alsdann den geringeren […].« Und schließlich können sich die die Folgen des Pfingstereignisses beobachtenden Pilger in Jerusalem das sich ihnen darbietende Schauspiel nicht anders erklären, als daß die Apostel »voll des süßen Weins« seien (Apg. 2, 13).

Um eine Zwischenbilanz zu ziehen und den Zweck dieser Darstellung nicht zu vergessen: alle hier handelnden Personen kannten selbstverständlich die Wirkung leiblicher Genüsse. So wurde am Hofe des *Odysseus* (wenn auch hauptsächlich in seiner Abwesenheit) – man muß es schon sagen – so derbe »gesoffen«, daß man sich wundern muß, daß Generationen von Pennälern solche Texte überhaupt übersetzen durften. Man hätte vielleicht besser daran getan, zarte pubertäre Schülerseelen, die doch gerade in dieser Zeit des Maßes und der Orientierung bedürfen, vor soviel prallem Leben zu bewahren.

Wenn es zugeht »wie im alten Rom«, ist damit beispielhaft das Leben am Hofe *Neros* gemeint. Dort hatte nämlich der erhebliche Genuß des in Mengen hergestellten Weins eine nicht unbedeutende und den Niedergang Roms deutlich beschleunigende Wirkung gezeigt. In dieser Zeit – etwa – lagen dem Vernehmen nach die Germanen am Rhein und tranken Met, weshalb sie hinterher nur noch lagen.

Wenn nun also auch deutlich geworden sein dürfte, daß der Ursache-Wirkung-Zusammenhang zwischen Alkoholaufnahme und Trunkenheit allgemein und damit auch mit an Sicherheit grenzender Wahrscheinlichkeit diesem Angekl. bekannt ist (und auch schon bei seiner Fahrt war), so soll noch kurz darauf eingegangen werden, warum der Mensch trinkt: wenn wir die Summe ziehen, liegt die Motivation des Trinkenden darin, den euphorischen Zustand herbeizuführen, der die Begrenztheit der menschlichen Existenz und ihrer Möglichkeiten aufzuheben scheint, der ihn erleichtert, beflügelt, die Stimmung hebt und die Zunge lockert. Es soll ein Zustand erreicht werden, der den »Mühseligen und Beladenen« eben diese Molesten vergessen oder leichter ertragen läßt, und so äußert *Wilhelm Busch* in »Die fromme Helene« nur einen Satz allgemeinen Wissens:

»Es ist ein Brauch von Alters her,
wer Sorgen hat, hat auch Likör.«

Was *Goethe*, der deutsche Dichterfürst, weit erhabener formuliert hat:

»Ich grüße dich, du einzige Phiole,
[…]
du Inbegriff der holden Schlummersäfte,
[…]
Ich sehe Dich: es wird der Schmerz gelindert,
Ich fasse Dich: das Streben wird gemindert
[…]
des Trinkers Pflicht, sie reimweis' zu erklären,
auf einen Zug die Höhlung auszuleeren,
erinnert mich an manche Jugendnacht.
[…]
Hier ist ein Saft, der eilig trunken macht.«
(Faust I, Nacht)

Der »Saft, der eilig trunken macht«, wird getrunken, um dieses Ergebnis mehr oder weniger ausgeprägt zu erzielen. Das Gericht ist nicht so ganz imstande, dem *BVerfG* zuzustimmen, das bei der Alkoholaufnahme, anders als beim Haschischrauchen, der Erreichung des Rauschzustandes eine nicht im Vordergrund stehende Bedeutung beimißt; statistisch scheinen die Erfahrungen eher das Gegenteil zu belegen, wenn man mitbedenkt, daß zwischen dem alkoholbedingten Wohlbefinden über den »Schwips« bis zum absoluten Vollrausch mindestens eine ganze Welt liegt.

Zwar ist bekannt, daß erworbene Fähigkeiten nicht vererbt werden können, doch zeigen die Beispiele, daß es Konstanten in der menschlichen Erfahrung gibt, die allgemein und allgemein bekannt sind, weshalb die obergerichtliche Rechtsprechung sich diesem Gericht nicht erschließt, denn es gibt tatsächlich von jedem erkannte Erfahrungssätze über den Zusammenhang von Alkoholaufnahme und seiner Wirkung.

Ist nunmehr die Frage geklärt, daß der Mensch (mit hier nicht interessierenden, zu vernachlässigenden Ausnahmen) also die Wirkung des Alkoholgenusses kennt, und ist auch geklärt, warum der Mensch trinkt und welchen Zustand er dadurch erreichen *will*, so ergibt sich für die rechtliche Einordnung:

1. Wer trinkt, um einen bestimmten Zustand zu erreichen, der irrt sich nicht, wenn er sein Ziel erreicht hat.

2. Wer nicht trinkt, *um* einen bestimmten Zustand zu erreichen, weiß doch gleichwohl, daß er diesen Zustand – notwendig – erreichen *muß*, wenn er bestimmte Mengen Alkohol konsumiert hat, ohne daß es darauf ankäme, daß er die Trinkmenge exakt erinnert. Er kann daher – prinzipiell – nicht fahrlässig handeln, weil dem Menschen der Zusammenhang, die »Wenn-Dann-Beziehung« nicht nur von Anfang der Menschheit, sondern auch von seinen frühesten Kindertagen zumindest durch die Beobachtung trinkender Erwachsener, später durch eigenes Tun, bekannt ist, denn:

»Doch siehe da, im trauten Kreis
sitzt Jüngling, Mann und Jubelgreis,
und jeder hebt an seinen Mund
ein Hohlgefäß, was meistens rund,
um draus in ziemlich kurzer Zeit
die drin enthaltene Flüssigkeit
mit Lust und freudigem Bemüh'n
zu saugen und herauszuziehen.
Weil jeder dies mit Eifer tut,
so sieht man wohl, es tut ihm gut.
Man setzt sich auch zu diesen Herrn,
man tut es häufig, tut es gern,
und möglichst lange tut man's auch…«
(*Wilhelm Busch*, »Die Haarbeutel«, Einleitung)

Fahrende Scholaren (und später Studenten) waren ihrer Umgebung schon früh lästig gefallen, weil die Folgen übermäßigen Alkoholgenusses nicht von allen Mitbürgern goutiert wurden, wie denn auch überhaupt das Mittelalter eine Vielzahl von Polizeiverordnungen hervorgebracht hat, die den Mißbrauch des Alkohols zu steuern suchten, im Ergebnis erfolglos, denn in einem der Lieder der »Carmina Burana« aus dem 13. Jahrhundert wird schon aufgezählt:

»Es säuft die Herrin, säuft der Herr,
es säuft der Ritter, säuft der Pfaffe,
…
Es säuft die Ahne, säuft die Mutter,
saufet diese, saufet dieser,
saufen hundert, saufen tausend.«

In besonders reiner Form hatte (oder hat?) sich diese schöne Übung in deutschen Studentenverbindungen gehalten, wie uns sehr anschaulich *Heinrich Mann* in »Der Untertan« zu berichten weiß. Das Gericht, eher behütet aufgewachsen, erinnert sich noch der etwas verstörten Verblüffung, als es, noch als Schüler, das erste Mal das »Haus« einer Verbindung besuchte und dort als wichtigen Teil der sanitären Einrichtung ein »Spuckbecken« entdeckte, das offenbar für notwendig erachtet wurde, womit die These dieses Gerichts augenfällig belegt wird: wer ordentlich trinkt, wird ordentlich betrunken und trifft Vorkehrungen für den Fall, daß der Magen gewisse Abstoßungserscheinungen zeigt: ergo bibamus!

Zurück zur Literatur: das »Decamerone« *Boccaccios* liefert eine Vielzahl von (allseits bekannten und deshalb gezielt eingesetzten) Auswirkungen des Alkoholgenusses, die zu höchst amüsanten Verwicklungen führen, und auch in *Shakespeares* Dramen torkelt – zur Erheiterung des Publikums – öfter mal eine volltrunkene Charge über die Bühne. Da die *Shakespeare*'schen Werke häufig in Innenhöfen von Gasthöfen gegeben wurden, ist der Schluß nicht ganz fernliegend, daß das Publikum im durchaus trinkfreudigen *elisabethanischen* England sich während des Theaterbesuchs zumindest in der Nähe der 0,8 Promillegrenze bewegt haben dürfte […].

Die deutsche Literatur des 18. und 19. Jahrhunderts hält sich dagegen eher in den Höhen als in den Abgründen menschlichen Lebens auf, nicht zuletzt, weil, wie *Goethe* einmal in seiner »Italienischen Reise« anmerkt, es Dinge gäbe, über die man zwar sprechen, schicklicherweise aber nicht schreiben sollte. Ganz trocken spielte sich das Leben gleichwohl nicht ab, wie ein Blick in die klassische Literatur zeigt, den wir uns hier aber, um die Darstellung nicht ausufern zu lassen, schenken müssen.

Stellvertretend für vieles: Bei Soldaten – der Angekl. ist Soldat – geht es häufig nicht so zu, wie es sich für ein Mädchenpensionat schicken würde, was wir der »Kapuziner-Predigt«, die zum Selbststudium empfohlen wird, in »Wallensteins Lager« (*Schiller*, 1. Akt, 8. Auftritt) mit hinreichender Deutlichkeit entnehmen können.

Während sich also die deutsche Literatur eher mit Andeutungen zufrieden gab, kannte die französische diese Zurückhaltung nur eingeschränkt, während die russischen Romane dieser Zeit geradezu durch Heere von Säufern bevölkert wurden und auch die, die nicht im eigentlichen Sinne dem Trunke ergeben waren, konnten erhebliche Mengen Alkohol ohne allzu große Ausfälle in sich hineinschütten. Im Laufe der Jahre hat sich dies aber offenkundig zu einem derart massiven sozioökonomischen Problem entwickelt, daß *Michael Gorbatschow* noch 1985 meinte, man könne dem siechen Sozialismus durch ein allgemeines Wodkaverbot wieder auf die Beine helfen; er irrte!

Um es abzukürzen: es hört nicht auf, es wird im wirklichen Leben wie in der Literatur als dessen Spiegel gern und oft getrunken […].

Das Gericht, durchaus kein Kostverächter, will hier nicht als Temperenzler erscheinen, sondern zum einen deutlich machen, daß es ein durchgängiges Wissen von Alkoholaufnahme und dessen Wirkung gibt und zum anderen dafür streiten, daß bewußte Alkoholaufnahme und Teilnahme am Straßenverkehr nicht camouflierend als Fahrlässigkeit eingestuft und daß dadurch nicht die Verantwortlichkeit eskamotiert werden darf […].

Obwohl also die rechtliche Einordnung auf der Hand liegt, neigen die Obergerichte dazu, sie gleichwohl von der Schuldfähigkeit (§§ 20, 21 StGB) in den Bereich der Schuldformen zu verschieben, weil es »keinen allgemeinen Erfahrungssatz gibt, daß ein Kraftfahrer ab einer bestimmten Blutalkoholkonzentration (BAK) seine Fahruntüchtigkeit erkennt« (so in Übereinstimmung mit der fast einhelligen Rechtsprechung deutscher Oberlandesgerichte, z. B.

OLG Zweibrücken, NVZ 1993, S. 241). Diese Begründung ist den Verurteilten gegenüber nicht gerade schmeichelhaft, denn sie besagt, wenn auch nicht ausformuliert: »Du bist so dumm, daß Du noch nicht einmal weißt, daß man durch den Genuß von Alkohol betrunken und fahruntüchtig wird«, wobei es auf eine »bestimmte BAK« überhaupt nicht ankommt.

Dabei irritiert, daß diese Bewertung ganz unterschiedslos vorgenommen wird und nicht differenziert wird nach Ausfallerscheinungen und sonstigen deutlichen Indizien für äußerlich erkennbare Trunkenheitsgrade (wird im Urteil näher ausgeführt) […].

Juristen sind an dieser Stelle an *Kants* Aufforderung zu erinnern. »Sapere aude!«: Habe den Mut, Deinen (gesunden und juristisch geschulten Menschen-)Verstand zu gebrauchen, der nämlich zu den richtigen, allgemein verständlichen und verstandenen Denkergebnissen führen wird: Wer deutlich angetrunken ist, weiß dies (mit ganz wenigen, nur im Einzelfall Bedeutung erlangenden Ausnahmen), er verkennt nicht etwa fahrlässig, nicht fahren zu können, sondern er überschätzt sich und meint fahren zu dürfen. Dabei kommt es regelmäßig gar nicht darauf an, ob sich ein Trunkenheitstäter tatsächlich angetrunken fühlt (obwohl bekannt ist, daß ein normaler »Trinker« bei etwa 1,6 Promille schon das Vollbild eines stark Angetrunkenen abgibt und der *VGH Mannheim* (10 S 1568/92) davon ausgeht, daß jemand, der solche Mengen Alkohol ohne massive Ausfallerscheinungen überstehen könne, als Alkoholiker eingestuft werden dürfe), sondern es reicht völlig aus, daß er weiß, nicht unerheblich getrunken zu haben (so auch *Salger*, DRiZ 1993, 311). Dies kann aber ein Autofahrer mit erheblicher Alkoholkonzentration schwerlich vergessen oder verdrängt haben, es sei denn, sehr theoretisch, er sei sinnlos betrunken, was nicht zur Fahrlässigkeit, sondern zur Bestrafung wegen vorsätzlicher Rauschtat gem. § 323 a StGB führt […].

Für den hier zu entscheidenden Fall ergibt sich aus dem zuvor Erörterten, daß der Angekl., der erkennbar nicht sinnlos betrunken war, ein so geübter Trinker sein muß (vgl. *VGH Mannheim*, 10 S 1568/92), daß er ganz sicher nicht vergessen hat, vor Fahrtantritt getrunken zu haben. Es war ihm dies auch, sonst wäre sein späteres Verhalten nicht erklärlich, bewußt, weil er sofort den oben beschriebenen Ursache-Wirkung-Zusammenhang in einer von ihm für sinnvoll gehaltenen Weise zu seiner Handlungsmaxime machte, so daß nicht zweifelhaft sein kann, daß er insgesamt vorsätzlich handelte.

Der Rauschtäter wurde deshalb vom Amtsgericht Rheine zu 90 Tagessätzen verurteilt, die Fahrerlaubnis für ein Jahr entzogen.[19] Eine gerechte Strafe! Das Urteil ist trotzdem kritisch zu betrachten. Bei allem Respekt für die enorme richterliche Arbeitsleistung bei der Zusammenstellung der »Kulturgeschichte des Rausches« war der komische Einschlag im konkreten Fall verfehlt.[20] Wenn ein Unfallopfer – wie in diesem Fall – schwere Verletzungen mit Dauerschäden erleidet, muß ein Strafurteil mit Kalauern dem Opfer wie blanker Hohn erscheinen. Die Sache war einfach zu ernst, um sich einen richterlichen Spaß daraus zu machen. Nicht jedem ist es gegeben, solches zu erkennen.[21] In diesem Sinne hat der Richter auch ein Urteil über sich selbst gefällt.

---

[1] Tucholsky weiß, wovon er spricht; vgl. auch OLG Düsseldorf, NJW 1994, 1232: Faustschläge zwischen Autofahrern bei Streit um die Einhaltung von Verkehrsvorschriften; OLG Zweibrücken, Beschl. v. 18.6.1990, 1 Ss 238/89: Anspucken durchs geöffnete Fahrerfenster mit der Bemerkung: »Ist noch was?«

2 Vgl. dazu Hilse, Hans Günter: Verkehrsunfälle und deren Bekämpfung durch die Polizei im demokratischen Verfassungsstaat, NZV 1993, S. 8.

3 Vgl. dazu Hilse, a.a.O.

4 Vgl. dazu AG Köln, NZV 1992, 64; siehe dazu auch den Film »Manta, Manta«.

5 Vgl. dazu den absoluten lesenswerten Aufsatz von Ulrich Daum: Humanismus und Straßenverkehrsrecht, NZV 1990, S. 61. Daum erwägt dort u.a. auch, wie Philosophen heute über den Straßenverkehr denken würden: »Übrigens: Was würde Heraklit wohl dafür geben, wenn er heute in einem ADAC-Hubschrauber an einem sonnigen Sonntag über die bundesdeutschen Autobahnen fliegen und in den nicht endenden Urlaubskolonnen de visu eine grandiose Bestätigung seiner Haupterkenntnis (»panta rhei« = alles fließt) finden dürfte?«

6 Vgl. dazu Daum, Ulrich: Humanismus und Straßenverkehrsrecht, NZV 1993, S. 61.

7 AG München, Urt. vom 11.11.1986, 28 C 3374/86, NJW 1987, 1425; vgl. dazu die harsche Kritik von Prof. Putzo, NJW 1987, 1426.

8 AG München, Urt. v. 11.11.1986, 28 C 3374/86, NJW 1987, 1425.

9 NJW 1987, S. 1426.

10 Vgl. etwa Günther, Jörg-M.: BGB in Reimen, S. 11.

11 Günther, a.a.O.

12 Vgl. dazu Walter, Gerhard: Anm. zu BGH, NJW 1988, 566, 567; vgl. auch BGH, NJW 1988, 566; Greger, Reinhard: Ein Zeuge ist kein Zeuge – Zum Beweiswert des Beifahrers, NZV 1988, S. 13; vgl. zur Glaubwürdigkeit von Zeugen bei Verkehrsunfällen auch LG Köln, NJW 1987, 1421: »Angesichts dieser Widersprüchlichkeiten der Aussagen der Businsassen liegt die Vermutung nahe, daß keiner von ihnen das Unfallgeschehen richtig beobachtet und im Termin wiedergegeben hat, daß es sich also um die Kategorie von Zeugen handelte, die man etwas vereinfacht, aber dennoch nicht ganz unzutreffend als Knallzeugen bezeichnet, deren Bemühen das Sprichwort umschreibt: Unfall macht weit sehen!«

13 Vgl. dazu Walter, Gerhard, a.a.O.; ders.: Freie Beweiswürdigung, 1979, S. 296 ff.

14 BGH, NJW 1988, 566.

15 AG Köln, Urt. v. 27.8.1990, 268 C 260/89, NZV 1992, 64. Ich bedanke mich bei der Redaktion der Zeitschrift NZV für die freundliche Genehmigung zum Abdruck der dortigen Veröffentlichung.

16 Vgl. in dem Zusammenhang Helmken, Dierk: Wider Schulmeisterei und Faustrecht auf deutschen Straßen, NZV 1991, S. 372 ff.

17 AG Rheine, Urt. v. 9.5.1994, 5 Ds 47 Js 662/93, NJW 1995, 894; vgl. zum Urteil die Kritik von Horst-Sendler: Über sog. humoristische Urteile, NJW 1995, S. 849.

18 Vgl. die umfangreiche Wiedergabe des Urteils in NJW 1995, 894.

19 Das LG Münster wies mit Urteil vom 29.9.1994, 5 Ns 47 Js 662/93 (71/94) die Berufung mit der Maßgabe zurück, daß die Strafe nur 75 Tagessätze beträgt.

20 Vgl. auch die Kritik am Urteil von Sendler: NJW 1995, S. 849: »Schale Witzchen und Vergleiche sowie exzessives Ausbreiten historischer Platitüden.«

21 Vgl. zur Problematik auch Sendler: Über sog. humoristische Urteile, NJW 1995, S. 847 ff.

XIV. Außerirdisches

1. Der Mörder vom Stern Sirius

Doch es sah'n des Schöpfers Blicke
Die geheime Greueltat,
Daß Justiz den bald umstrickte,
Der sich so vergangen hat.

AUS DER MORITAT ÜBER DEN VIERFACHEN MÖRDER CARLO LEVEBRE

Zu den merkwürdigsten Rechtsfällen der gesamten jüngeren Strafrechtsgeschichte dürfte das Sirius-Urteil des Bundesgerichtshofs zählen.[1] Es befaßt sich mit derart unglaublichen Lebensvorgängen, daß man sich eigentlich nur vorstellen kann, daß der Fall dem Gehirn eines an der Grenze zwischen Genie und Wahnsinn stehenden Jura-Professors – ausschließlich zu Lehrzwecken – entsprungen ist.[2] Er hat sich aber tatsächlich so ereignet:[3]

»Im Jahr 1973 oder 1974 lernte der Angeklagte in einer Diskothek die 1951 geborene Zeugin H. T. kennen, die »damals noch eine unselbständige und komplexbeladene junge Frau« war. Sie entwickelte zu dem vier Jahre älteren Angeklagten eine intensive Freundschaft, in der sexuelle Kontakte unwesentlich blieben. Gegenstand der Beziehung waren hauptsächlich Diskussionen über Psychologie und Philosophie, die bei Treffen im Abstand von einigen Monaten und bei häufigeren, manchmal mehrere Stunden dauernden Telefongesprächen geführt wurden. Im Laufe der Zeit wurde der Angeklagte zum Lehrer und Berater der Zeugin in allen Lebensfragen. Er war immer für sie da. Sie vertraute und glaubte ihm blindlings.

Im Verlaufe ihrer zahlreichen philosophischen Gespräche ließ der Angeklagte die Zeugin wissen, er sei ein Bewohner des Sterns Sirius. Die Sirianer seien eine Rasse, die philosophisch auf einer weit höheren Stufe stehen als die Menschen. Er sei mit dem Auftrag auf die Erde gesandt worden, dafür zu sorgen, daß einige wertvolle Menschen, darunter die Zeugin, nach dem völligen Zerfall ihrer Körper mit ihrer Seele auf einem anderen Planeten oder dem Sirius weiterleben könnten. Damit sie das Ziel erreiche, bedürfe die Zeugin allerdings einer geistigen und philosophischen Weiterentwicklung.

Als der Angeklagte erkannte, daß ihm die Zeugin vollen Glauben schenkte, beschloß er, sich unter Ausnutzung dieses Vertrauens auf ihre Kosten zu bereichern. Er legte der Zeugin dar, sie könne die Fähigkeit, nach ihrem Tode auf einem anderen Himmelskörper weiterzuleben, dadurch erlangen, daß sich der ihm bekannte Mönch Uliko für einige Zeit in totale Meditation versetze. Dadurch werde es ihrem Körper möglich, während des Schlafes mehrere Ebenen zu durchlaufen und dabei eine geistige Entwicklung durchzumachen. Dafür müßten allerdings an das Kloster, in dem der Mönch lebe, 30.000 DM gezahlt werden. Die Zeugin glaubte dem Angeklagten. Da sie nicht genügend Geld besaß, beschaffte sie sich die geforderte Summe durch einen Bankkredit. Der Angeklagte verbrauchte das Geld für sich.

Sooft sich die Zeugin in den folgenden Monaten nach den Bemühungen des Uliko erkundigte, vertröstete sie der Angeklagte. Später erklärte er ihr, der Mönch habe sich bei seinen

Versuchen in große Gefahr begeben, gleichwohl aber keinen Erfolg erzielt, weil ihr Bewußtsein eine starke Sperre gegen die geistige Weiterentwicklung aufbaue. Der Grund dafür liege im Körper der Zeugin; die Blockade könne nur durch die Vernichtung des alten und die Beschaffung eines neuen Körpers beseitigt werden.

Als der Angeklagte bemerkte, daß die Zeugin von der Richtigkeit seiner Erklärungen noch immer völlig überzeugt war, faßte er den Plan, aus ihrem Vertrauen weiteren finanziellen Nutzen zu ziehen. Der Angeklagte spiegelte ihr vor, in einem roten Raum am Genfer See stehe für sie ein neuer Körper bereit, in dem sie sich als Künstlerin wiederfinden werde, wenn sie sich von ihrem alten Körper trenne. Auch in ihrem neuen Leben benötige sie jedoch Geld. Es lasse sich dadurch beschaffen, daß sie eine Lebensversicherung über 250.000 DM (bei Unfalltod 500.000 DM) abschließe, ihn unwiderruflich als Bezugsberechtigten bestimme und durch einen vorgetäuschten Unfall aus ihrem »jetzigen Leben« scheide. Nach Auszahlung werde er ihr die Versicherungssumme überbringen. Die Zeugin schloß einen Versicherungsvertrag entsprechend den Vorschlägen des Angeklagten ab. Der Versicherungsschutz begann ab 1. Dezember 1979. Die monatliche Versicherungsprämie belief sich auf 587,50 DM. Dem Angeklagten händigte die Zeugin 4000 DM in bar aus, weil sie, wie er ihr sagte, nach dem Erwachen am Genfer See das Geld, das er ihr sofort überbringen werde, als »Startkapital« benötige. Die Auszahlung der Versicherungssumme könne sich verzögern. Ihr »jetziges Leben« sollte die Zeugin nach einem ersten Plan des Angeklagten durch einen vorgetäuschten Autounfall, nach einem späteren Plan dadurch beenden, daß sie sich in eine Badewanne setzt und einen eingeschalteten Fön in das Badewasser fallen läßt. Auf Verlangen und nach den Anweisungen des Angeklagten versuchte die Zeugin, diesen Plan am 1. Januar 1980 in ihrer Wohnung in Wildbad zu realisieren, nachdem sie zuvor, einer Anregung des Angeklagten folgend, einige Dinge getan hatte, die darauf hindeuten sollten, daß sie ungewollt mitten aus dem Leben gerissen worden sei. Der tödliche Stromstoß blieb jedoch aus. Aus »technischen Gründen« verspürte die Zeugin nur ein Kribbeln am Körper, als sie den Fön eintauchte. Der Angeklagte, der sich in Baden-Baden aufhielt, war überrascht, als die Zeugin seinen Kontrollanruf entgegennahm. Etwa drei Stunden lang gab er ihr in etwa zehn Telefongesprächen Anweisungen zur Fortführung des Versuchs, aus dem Leben zu scheiden. Dann nahm er von weiteren Bemühungen Abstand, weil er sie für aussichtslos hielt.

Die Zeugin handelte in völligem Vertrauen auf die Erklärungen des Angeklagten. Sie ließ den Fön in der Hoffnung ins Wasser fallen, sofort in einem neuen Körper zu erwachen. Der Gedanke an einen »Selbstmord im eigentlichen Sinn«, durch den »ihr Leben für immer beendet würde«, kam ihr dabei nicht. Sie lehnt eine Selbsttötung ab. Der Mensch habe dazu kein Recht.

Dem Angeklagten war bewußt, daß das Verhalten der ihm hörigen Zeugin ganz von seinen Vorspiegelungen und Anweisungen bestimmt wurde.

II. Die Revision trägt vor, der Angeklagte sei zu Unrecht wegen versuchten Mordes in mittelbarer Täterschaft verurteilt worden; es könne nur straflose Beteiligung am versuchten Selbstmord in Betracht gezogen werden.

Der Schuldspruch ist jedoch nicht zu beanstanden.

… 1. Die Frage der Abgrenzung »strafbarer Tötungstäterschaft von strafloser Selbsttötungsteilnahme« (Roxin, Dreher-Festschrift S. 331, 332) kann in Fällen, in denen derjenige, der unter dem Einfluß oder unter der Mitwirkung eines anderen Hand an sich legt, weder einen der psychischen Zustände aufweist, die § 20 StGB nennt, noch sich in einer Notstandslage im Sinne von § 35 StGB befindet, sondern durch *Täuschung* zur Vornahme der Tötungshandlung bewogen wird, nicht abstrakt beantwortet werden. Die Abgrenzung hängt im Einzelfall von Art und Tragweite des Irrtums ab. Verschleiert er dem sich selbst ans Leben Gehenden die Tatsache, daß er eine Ursache für den eigenen Tod setzt, ist derjenige, der den Irrtum hervorgerufen und mit Hilfe des Irrtums das Geschehen, das zum Tod des Getäuschten führt oder führen soll, bewußt und gewollt ausgelöst hat, Täter eines (versuchten oder vollendeten) Tötungsdelikts kraft überlegenen Wissens, durch das er den Irrenden lenkt, zum Werkzeug gegen sich selbst macht (Rechtsprechungs- und Literaturnachweise).

2. So liegt es hier. Nach den Feststellungen des Tatgerichts spiegelte der Angeklagte seinem Opfer nicht vor, es werde durch das Tor des Todes in eine transzendente Existenz eingehen, sondern versetzte es in den Irrtum, es werde – obgleich es scheinbar als Leichnam in der Wanne liege – zunächst als Mensch seinen irdischen Lebensweg fortsetzen, wenn auch körperlich und geistig so gewandelt, daß die Höherentwicklung zum astralen Wesen gewährleistet sei. Die Überzeugung, daß ihre physisch-psychische Identität und Individualität lediglich Modifikationen erfahre, ergab sich für Frau T. nicht nur daraus, daß sie, wie ihr der Angeklagte sagte, auf diesem Planeten verblieb und Geld zur Deckung ihres Lebensbedarfs brauchte, sondern auch daraus, daß er ihr vormachte, sie werde im roten Raum am Genfer See Beruhigungspillen und im Nebenzimmer die erforderlichen Papiere finden. Was Frau T. nicht ahnte und wollte, erstrebte der Angeklagte: Der – von beiden als sicher erwartete – Stromstoß sollte dem Leben der Getäuschten ein Ende setzen und dem Angeklagten die Versicherungssumme verschaffen, von der sein Opfer annahm, sie sei die wirtschaftliche Grundlage des neuen Lebensabschnitts. Der Angeklagte, der auch das eigentliche Tatgeschehen durch stundenlang erteilte Anweisungen maßgeblich steuerte, beging infolgedessen ein Verbrechen der versuchten mittelbaren Fremdtötung. Diese rechtliche Feststellung wird nicht dadurch in Frage gestellt, daß Frau T. völlig unglaubhaften Suggestionen erlag, obwohl sie keine psychischen Störungen aufwies. Der Angeklagte hatte sich die Psyche seines Opfers für diese Suggestion erschlossen. Das Erstaunliche dieses Vorgangs entlastet ihn nicht.

3. Auch wenn Frau T. angenommen hätte, daß dem »Erwachen« in einem roten Raum am Genfer See ihr Tod vorausgehen müsse, daß sie in ein Leben *nach* dem Tod eintreten werde, das sie nicht in Fortsetzung ihrer (nur mehr oder weniger modifizierten) Individualität, sondern als ein anderes (höheres) Wesen zu führen habe, bestünde die Verurteilung des Angeklagten zu Recht. Auch im Falle eines so beschaffenen Irrtums ginge es nicht darum, ob der Angeklagte das Opfer nur über den »bloßen Motivirrtum« hervorgerufen habe und ob ein solcher Irrtum ausreicht, um seine Tatherrschaft zu begründen (vgl. dazu Roxin aaO m.w. Nachw.; Samson aaO m.w. Nachw.). Der Täuschung über den »konkreten Handlungssinn« wäre die Vorspiegelung immanent, daß der Tod nichts anderes als der Beginn neuen Lebens sei. Der darauf beruhende Irrtum hätte das Gewicht des Irrtums über den Nichteintritt des Todes. Nicht weniger als dieser hätte jener das Opfer ausschlaggebend motiviert und dem Angeklagten Tatherrschaft kraft überlegenen Wissens eingeräumt.

4. Die Ansicht des Tatgerichts, daß der Angeklagte die Tötung eines Menschen aus Habgier herbeiführen wollte, deshalb wegen versuchten Mordes zu verurteilen sei, und die Strafzumessung sind nicht zu beanstanden.«

Damit wurde für den Sirianer[4] das vorangegangene Strafurteil des Landgerichts Baden-Baden insgesamt rechtskräftig: Sieben Jahre Freiheitsstrafe wegen versuchten Mordes, Betrugs sowie wegen vorsätzlicher Körperverletzung in Tateinheit mit unbefugter Führung akademischer Grade und – last not least – wegen Vergehens gegen das deutsche Heilpraktikergesetz[5]. Der Bewohner von Sirius hat also unsere irdische Gerichtsbarkeit einmal so richtig kennengelernt.[6] Ob er nach Verbüßung seiner Haftstrafe freiwillig auf seinen Stern zurückgekehrt ist oder unter Anwendung asylverfahrensrechtlicher Vorschriften abgeschoben werden mußte, ist nicht bekannt. Wir wissen allerdings schon seit Seneca, daß es kein bequemer Weg ist, der von der Erde zu den Sternen führt.[7] Der Sirianer wird ihn wohl als verurteilter Mörder gegangen sein. Dies ist angesichts dessen, was er seinem Opfer angetan hat, nur gerecht.[8] Schon Kant hat warnend gesagt:

»Wenn die Gerechtigkeit untergeht, so hat es keinen Wert mehr, daß Menschen leben auf Erden.«

2. Die Beschwerde der Zombies

What's in your head, in your head
Zombie, Zombie?
THE CRANBERRIES[9]

Verfassungsrecht galt in der juristischen Ausbildung lange Zeit als sehr abstrakt und eher trocken. Dieses Vorurteil existiert zum Teil auch heute noch. Das war und ist unverständlich, weil das Gegenteil der Wahrheit entspricht: Verfassungsrecht ist spannend! Wie spannend, ja geradezu aufregend beispielsweise Entscheidungen des Bundesverfassungsgerichts sein können, möchte ich an einer Entscheidung aus dem Jahre 1992 zu dem Problem von filmischen Gewaltdarstellungen belegen.[10] Hauptakteure dieses Falls waren Zombies, also menschenähnliche Wesen, die bevorzugt in Horrorfilmen auftauchen. Sie haben die genüßlich gepflegte Passion, Menschen auf möglichst grausame Weise zu erschrecken und zu töten. Manchmal aber werden Zombies selbst zum Opfer.[11] Doch wie kamen sie nach Karlsruhe?

Ausgangspunkt des Verfassungsstreits war eine Videokassette mit dem Titel »The Evil Dead« – der deutsche Titel lautet »Tanz der Teufel«. Die Videofassung des Spielfilms sollte auf Antrag der Staatsanwaltschaft wegen ihrer Brutalität ihr Dasein nur noch in einer einsamen Asservatenkammer fristen. Amts- und Landgericht stimmten dem zu. Damit war der Filmverleih, der die Nutzungsrechte an dem Zombie-Film hatte, nicht einverstanden und erhob Verfassungsbeschwerde.

Das Bundesverfassungsgericht schaute sich den Film pflichtgemäß an und faßte den Inhalt anschaulich und kurz wie folgt zusammen:[12]

»Der Film schildert den Besuch dreier Frauen und zweier Männer in einem im Wald gelegenen Wochenendhaus; dort werden sie durch unerklärliche Erscheinungen beunruhigt. Nach Abspielen einer auf Tonband gesprochenen Zauberfor-

Messieurs, j'ai consacré toutes les études de ma vie à la santé publique . . .

mel verwandeln sie sich nacheinander bis auf einen von ihnen, nehmen Züge nichtmenschlicher Wesen an und verfolgen einander in Vernichtungsabsicht. Die noch nicht derart besessenen Personen erwehren sich der Angriffe, wobei die Besessenen schließlich getötet oder vernichtet werden. Dies wird in drastischer Weise dargestellt«.

Wie drastisch die Darstellung im einzelnen ist, wird im Rahmen der Entscheidung noch genauer wiedergegeben:[13]

»So wird in Großaufnahme gezeigt, wie der Kopf einer weiblichen Besessenen in Brand gerät und die Gesichtshaut dabei verbrennt. In einer weiteren Szene wird geschildert, wie einer der beteiligten Männer gewürgt wird. In Großaufnahme wird des weiteren gezeigt, wie die Männer mit einer Axt den Körper einer Besessenen zerstückeln und die Gliedmaßen weiterzucken.

In einer weiteren Szene wird gezeigt, wie eine Besessene auf einen Mann mit einem Stilett eindringt und ihn verletzt. Anschließend leckt sie genüßlich die blutverschmierte Waffe ab. In dem sich anschließenden Kampf fällt die Besessene in das Stilett. In Großaufnahme wird gezeigt, wie die Waffe ihren Körper durchdringt und wie im Anschluß daran große Mengen Blutes aus den Wunden und dem Mund austreten.

Als ein Mann eine Besessene begraben hat, faßt sie aus dem Grab nach ihm und es kommt zum Kampf. Er schlägt mit einem Holzbalken auf die Besessene ein, aus deren Mund eine weiße Flüssigkeit spritzt. Die Besessene setzt zu einem unnatürlich hohen Sprung auf den am Boden liegenden Mann an. Dieser ergreift einen Spaten und hält ihn abwehrend vor sich. Durch den Sturz auf den Spaten wird der Kopf der Besessenen vom Körper abgetrennt und trifft neben dem Mann auf dem Boden auf. Jener hält in Großaufnahme den vom Kopf abgetrennten Körper der Besessenen, aus deren Halsstumpf Blut austritt, in Händen.«

Ein Problem des Falls bestand nun unter anderem in der Frage, ob denn § 131 StGB überhaupt für Zombies gelte. Nach dieser Vorschrift[14] dürfen filmische Darstellungen, die »grausame oder sonst unmenschliche Gewalttätigkeiten gegen Menschen in einer Art schildern, die eine Verherrlichung oder Verharmlosung solcher Gewalttätigkeiten ausdrücken oder das Grausame oder Unmenschliche des Vorgangs in einer die Menschenwürde verletzenden Weise darstellen, nicht verbreitet und vorgeführt« werden. Doch sind Zombies wirklich *Menschen* im Sinne des Gesetzes?[15] In der Regel wohl kaum (doch manchmal eben doch), dachte sich das insoweit immens sachkundige Bundesverfassungsgericht:[16]

»Das Tatbestandsmerkmal »Mensch« ist schon deshalb hinreichend bestimmt, weil damit unmißverständlich an den biologischen Begriff des Menschen angeknüpft wird. Dagegen können darunter nicht, wie es in den Beratungen zum Gesetz zur Neuregelung des Jugendschutzes in der Öffentlichkeit vertreten worden ist (vgl. Beschlußempfehlung und Bericht des Ausschusses für Jugend, Familie und Gesundheit, BTDrucks. 10/2546, S. 22), der Phantasie entsprungene, menschenähnliche Wesen verstanden werden. Bereits der Wortsinn schließt eine solche Deutung aus. Wollte man den Begriff »Mensch« anders verstehen, verstieße das gegen das Analogieverbot des Art. 103 Abs. 2 GG (Rechtsprechungs- und Literaturnachweise). Wenn der Gesetzgeber die filmische Darstellung von Gewalt gegen menschenähnliche

Wesen (vor allem sogenannte Zombies) hätte unter Strafe stellen wollen, hätte er dies im Wortlaut der Vorschrift zum Ausdruck bringen müssen.

Die gebotene Differenzierung zwischen Menschen und menschenähnlichen Wesen schließt es freilich nicht aus, daß im Einzelfall Zweifel darüber bestehen können, ob es sich bei den in einem Film gezeigten Opfern von Gewalttaten um Menschen oder menschenähnliche Wesen handelt. Das führt indessen nicht zur Unbestimmtheit der Vorschrift. Die Subsumtion unter den gesetzlichen Tatbestand ist Aufgabe der Strafgerichte. Wenn diese hier zu der Auffassung gelangt sind, daß die im Film dargestellten Wesen, die zunächst eindeutig Menschen sind und sich im Verlauf der Spielhandlung in Besessene verwandeln, aus der Sicht des Zuschauers wie nach dem Sinn des Films gleichwohl Menschen bleiben, so ist das eine einfachrechtliche Beurteilung, die der verfassungsgerichtlichen Überprüfung grundsätzlich entzogen ist (vgl. BVerfGE 18, 85 [92]).«

Das Gericht kam allerdings unabhängig von der Zombiefrage schließlich zum Ergebnis, daß die Beschlagnahmebeschlüsse von Amts- und Landgericht verfassungswidrig waren. Entgegen der Auffassung dieser Gerichte könne, so das Bundesverfassungsgericht, weder die Häufung noch die aufdringliche und anreißerische Darstellung von Gewalt für sich allein den Tatbestand des § 131 StGB erfüllen. Andernfalls sei eine Abgrenzung »zu unstreitig zulässigen Darstellungen in Abenteuer- oder Kriminalfällen« nicht mehr möglich. Im übrigen zeige der konkrete Fall, daß die Gerichte von einem unzulässig weiten Verständnis der Strafvorschrift ausgegangen seien:

»Es fehlen Feststellungen, daß der Betrachter zur bejahenden Anteilnahme an den Schrekkensszenen angeregt wird. Vielmehr liegt es nahe, daß er sich nicht mit den gewalttätigen Besessenen identifiziert, sondern mit den gegen sie kämpfenden unverwandelten Menschen. Dabei kann er nach dem Gesamteindruck des Films das Geschehen wegen seiner bizarren Übersteigerung durchaus auch als lächerlich und grotesk erleben. Solche Formen der Unterhaltung gibt es – wenngleich abgeschwächt – auch in anderen Phantasieprodukten wie Schauermärchen oder Spukgeschichten. Wenn auch sie ohne weiteres von der Menschenwürde-Alternative erfaßt werden sollten, wäre dieses Tatbestandsmerkmal zur Abgrenzung strafbaren Verhaltens nicht mehr geeignet.«

So interessant können also verfassungsgerichtliche Verfahren sein. Den Zombies wird die Entscheidung besonders gefallen haben, frei nach den Worten des Müllers von Sanssouci an Friedrich den Großen:
    »Ja, wenn das Karlsruher Bundesverfassungsgericht nicht wäre!«[17]

---

1   BGHSt 33, 38.
2   Vgl. auch Schmidthäuser: Anm. zu BGH JZ 1984, 195: »Hätte man diesen 'Fall' vor einiger Zeit in einem Lehrbuch als Beispiel angeführt, so wäre er wenigstens belächelt, wenn nicht gar als nichtsnutzige »Lehrbuchkriminalität« verdächtigt worden.«; siehe dazu auch Wilfried Küper: Die dämonische Macht des »Katzenkönigs« oder: Probleme des Verbotsirrtums und Putativnotstandes an den Grenzen strafrechtlicher Begriffe, JZ 1989, S. 618 ff.

3   BGH, Urt. v. 5.7.1983, 1 StR 168/83, BGHSt 33, 38.

4   Der Stern Sirius ist übrigens der hellste Stern, der vom nächtlichen Winterhimmel herunterstrahlt.

5   Vgl. zum Heilpraktikergesetz gerade in diesem Zusammenhang auch Peter Homburg: Heiler und Büro-kratie, MRD 1994, S. 339 ff.

6   Vgl. auch die Urteilsanmerkungen von Eberhard Schmidthäuser, a.a.O.

7   Vgl. Vers 437 aus Senecas Tragödie »Der rasende Herkules«: Non est ad astra mollis et terris via.

8   Vgl. auch Schmidthäuser, Eberhard: JZ 1984, S. 195, wonach der Sirius-Mann mit »grausamer Skrupel-losigkeit« das »blinde Vertrauen« des Tatopfers ausgenutzt hat.

9   Der Song »Zombie« wurde von der Pop-Gruppe »Cranberries« 1993 als Mahnmal gegen die Unmensch-lichkeit von Menschen gegenüber Menschen geschrieben und war ein großer Hit; da meine Frau Usch dieses Lied mag, ist ihr dieser Fall gewidmet.

10 BVerfGE 87, 209.

11 Vgl. dazu Schroeder, Friedrich-Christian: Der Schutz der Zombiewürde, JZ 1990, S. 858.

12 BVerfGE, 87, 209.

13 Vgl. die Wiedergabe des Inhalts der Urteile des Amts- und Landgerichts im Urteil des BVerfG: BVerfGE 87, 216 ff.

14 I.V.m. § 11 Abs. 3 StGB.

15 Für eine klarstellende Gesetzesänderung spricht sich Schroeder aus, vgl.: Der Schutz der Zombiewürde, JZ 1990, S. 858: »Ein rechtsstaatliches Strafrecht verlangt eine entsprechende Ergänzung des § 131 StGB mit folgendem Wortlaut: Wer Schriften, die grausame oder sonst unmenschliche oder unzombische Ge-walttätigkeiten gegen Menschen oder Zombies in einer Art schildern, die eine Verherrlichung oder Ver-harmlosung solcher Gewalttätigkeiten ausdrückt oder die das Grausame, Unmenschliche oder Unzombi-sche des Vorgangs in einer die Menschen- oder Zombiewürde verletzenden Weise darstellt, verbreitet usw., wird mit Freiheitsstrafe bis zu einem Jahr oder mit Geldstrafe bestraft.«

16 BVerfG, a.a.O., S. 225 ff.

17 Das richtige Zitat lautet: »Ja, wenn das Berliner Kammergericht nicht wäre.«

XV. Scherz und Ernst in der Jurisprudenz

1. Der juristische Scherz

Wer Gefahren recht ins Auge sehen will,
wer stark werden will, sie zu überwinden
und den Gegner zu meistern, dem steht dann und
wann auch ein Scherzwort gut an.

WALTHER VICTOR

Der berühmte Rudolf von Ihering hat in seinem grandiosen Werk »Scherz und Ernst in der Jurisprudenz« besonders ernsthaft die juristischen Aspekte des Scherzes untersucht. Der Scherz ist aber nicht nur rechtswissenschaftlich erforscht worden, sondern hat auch eine gesetzliche Anerkennung erfahren. Der böse Scherz ist über § 116 Abs. 1 BGB erfaßt, der gute Scherz in § 118 BGB sogar ausdrücklich geregelt.[1] Dort heißt es nämlich: »Eine nicht ernstlich gemeinte Willenserklärung, die in der Erwartung abgegeben wird, der Mangel der Ernstlichkeit werde nicht verkannt werden, ist nichtig.« In gereimter Form kann man den Inhalt des § 118 BGB und die sich daraus ergebenen Rechtsfolgen (§ 122 BGB) etwa so zusammenfassen:[2]

> »Nicht wirksam ist der Scherz auch dann,
> Wenn der andere ihn erkennen kann.
> Doch hat er auf den Scherz vertraut,
> Ihn gar im Ernst als wahr genommen,
> So hat man leicht auf Sand gebaut
> Und selbst für Schaden aufzukommen.«

Der Scherz spielt also im bürgerlichen Recht eine nicht unerhebliche Rolle. Im Strafrecht, wo einem normalerweise recht wenig zum Scherzen zumute ist, gilt nichts anderes. Blicken wir beispielsweise einmal weit zurück in das Jahr 1885. In diesem Jahr fällte das altehrwürdige Reichsgericht im Rahmen eines Beleidigungsverfahrens ein grundlegendes Urteil über den »Einwand des Scherzes«[3]. Da sich die Vorgänge zudem im Gerichtsmilieu ereignet haben – Ort war immerhin die Gerichtsschreiberei des Amtsgerichts Hagenow – ist dieser rechtshistorische Scherzfall von besonderem Interesse. Aus den Urteilsgründen:[4]

»Nach den Feststellungen begaben sich der Angeklagte und der Erbpächter M auf die Gerichtsschreiberei des Amtsgerichtes Hagenow und erbaten und erhielten daselbst durch den Aktuariatsgehilfen T Einsicht des Grund- und Hypothekenbuches der M'schen Hufe. T forderte die Gebühr mit 75 Pf., welche M bezahlte und T an den Kassenberechner Aktuar B ablieferte. Dabei wandte Angeklagter sich an T mit der Äußerung: »Dohn Sie dat nich en beten billiger« und fügte hinzu: »ob dor nich en beten Schmuh bi wir?« Es geschah dies in Anwesenheit mehrerer in der Gerichtsschreiberei beschäftigter Subalternbeamten und des Amtsrichters H, des Nebenklägers und jetzigen Beschwerdeführers. Auf T's Entgegnung: »wie meinen Sie das?« erklärte Angeklagter, indem er jenem dabei auf die Schulter klopfte: er wisse doch, daß es nur Spaß sei.

Auf Grund dieser Feststellungen und in der Erwägung, daß Angeklagter, indem er jene Fragen an T richtete, überall nur im Scherze und ohne das Bewußtsein der Ehrenkränkung gesprochen habe, ist der erste Richter zur Freisprechung des Angeklagten gelangt.

Die Revision des Nebenklägers rügt zunächst Verletzung der §§ 260, 266 St.P.O., indem sie behauptet, daß die näheren Umstände der inkriminierten Handlung, Lokal, Personal, Funktion des Verletzten nicht genügend festgestellt seien. Diese Rüge findet ihre Widerlegung in den Urteilsgründen, welche, wie aus obigem erhellt, nach allen angegebenen Richtungen eine durchaus genügende Schilderung des Vorfalles enthalten. Wenn die Revision ferner rügt, daß jene Umstände des Falles in den Feststellungen des Urteiles im Hinblicke auf die fragliche Begangenschaft nicht berücksichtigt seien, so ergibt sich der Ungrund dieser Rüge aus folgenden, zugleich die Beschwerde wegen Verletzung des § 185 St.G.B.'s betreffenden, Erwägungen.

Es kann der Revision zugegeben werden, daß, wenn die Freisprechung des Angeklagten allein auf die Feststellung gegründet wäre, Angeklagter habe die, den Gegenstand der Anklage bildende, Äußerung im Scherze gethan, solche Begründung nicht ausreichen würde, um das Urteil zu tragen; denn der Umstand, daß eine Handlung im Scherze geschehen, schließt nicht unter allen Umständen das Vorhandensein einer Beleidigung, insbesondere nicht notwendig das Bewußtsein des Thäters aus, daß der durch den Scherz Betroffene sich gleichwohl an der Ehre gekränkt fühlen könne, oder daß die Umstände des Falles den Scherz selbst als einen unstatthaften, die Ehre des anderen verletzenden erscheinen lassen. Daher muß, wenn von dem der Beleidigung Angeklagten der Einwand des Scherzes erhoben wird, unter Berücksichtigung der Beschaffenheit der inkriminierten Handlung, der Umstände, unter welchen sie erfolgt ist, und des persönlichen Verhältnisses der Beteiligten geprüft werden, ob der Thäter darauf rechnen konnte, daß der andere, mit dem er sich den »Scherz« machte, den Vorgang als einen Scherz auffassen werde; nur wenn er gegründete Veranlassung zu dieser Annahme hatte, kann ihm geglaubt werden, daß ihm das Bewußtsein der Widerrechtlichkeit fehlte. Nach den Urteilsgründen hat der erste Richter diese Grundsätze nicht verkannt.

Derselbe hat zunächst aus den Umständen des Falles, aus der auf Erfahrung gegründeten Wissenschaft des Angeklagten von der Höhe der Gerichtsgebühr und deren Einziehung zur Gerichtskasse, sowie aus der Anwesenheit der in der Gerichtsschreiberei befindlichen Amtspersonen den Schluß gezogen, daß Angeklager, indem er an den Aktuariatsgehilfen T obige Frage richtete, weder die Höhe der Gerichtsgebühr, noch die Integrität des T ernstlich in Zweifel gezogen, sondern vielmehr überall nur im Scherze geredet habe. Diese Feststellung selbst ist rein thatsächlicher Natur und dem Angriffe wegen Rechtsirrtumes entzogen.

Nun fahren allerdings die Gründe fort:

Dann aber erhielten die betreffenden Worte trotz ihres Wortlautes keine Beleidigung. Scherzhaft gemeinte Worte sollen eben in der Wirklichkeit nicht den Sinn haben, welcher den Worten an sich zukommt, sollen, wenn auch an sich beleidigend, nicht den beleidigenden Sinn haben – und hiermit hat der erste Richter eine Wendung gebraucht, welche das Bedenken nahe legen könnte, daß damit ein, alle Fälle des Scherzes umfassender – und in solcher Ausdehnung irrtümlicher – Rechtssatz ausgesprochen sein sollte. Dieses Bedenken wird aber beseitigt durch die weiteren, eine Einschränkung auf den vorliegenden Fall bekundenden, Erwägungen. Dieselben lauten nämlich dahin:

Wenn ferner Angeklagter in seiner sozialen Stellung als Tierarzt und älterer Mann dem 26 Jahre alten Aktuarsgehilfen T gegenüber wohl erwarten konnte, daß dieser von ihm einen Scherz als solchen annehmen würde, so hatte er mit Recht das Bewußtsein bei seinen Äußerungen, daß T sich durch die scherzhaft gemeinten Worte, wie sie keinen beleidigenden Sinn haben sollten, auch nicht beleidigt fühlen würde. Es fehlte ihm das Bewußtsein der Ehrenkränkung.

Es ist offenbar hierdurch eine Feststellung getroffen, welche nicht als rechtliche Konsequenz einer rechtsirrtümlichen Anschauung von der möglichen Tragweite eines Scherzes aufzufassen, sondern als thatsächliche Folgerung aus den konkreten Umständen des Falles erscheint und als solche nicht mittels Revision anfechtbar ist. Das von der Revision angedeutete Bedenken, daß der erste Richter das Lokal, in welchem der Vorfall sich abspielt, sowie die Stellung der Beteiligten und die Thatsache der Gegenwart unbeteiligter Amtspersonen nicht in Rücksicht gezogen habe, ist nach obigem von der Hand zu weisen, auch konnte von dem Vorderrichter der Umstand, daß Angeklagter sofort vor sämtlichen Anwesenden seine Äußerung als Scherz deklarierte, mit berücksichtigt werden.

Hiernach wird die Freisprechung durch die, dem Verdachte eines Rechtsirrtumes keinen Raum gebende, thatsächliche Feststellung getragen, daß dem Angeklagten das ein Requisit des Begehens der Beleidigung bildende Bewußtsein der Ehrenkränkung gefehlt habe.

Wenn am Schlusse das Instanzgericht nochmals die Beleidigung um deswillen verneint, weil jene Worte nur im Scherz gesprochen seien, so muß dieser Entscheidungsgrund im Zusammenhange mit sämtlichen Feststellungen beurteilt werden. Der Umstand, daß in Begründung der Kostenentscheidung der erste Richter ausspricht, Angeklagter habe durch einen wenig passenden Scherz das Verfahren veranlaßt, vermag selbstverständlich die Wirkung der Feststellung, daß dem Angeklagten das Bewußtsein der Beleidigung gefehlt habe, nicht zu beeinträchtigen.

Der Revision war daher der Erfolg zu versagen.«

Ein höchstrichterliches Plädoyer für den Scherz! Wer wollte da noch sagen, Juristen würden keinen Spaß verstehen. Irgendwann hört der Spaß aber doch auf, und die Sache wird Ernst.[5] Warnend sei dabei auf ein Wort von Heinrich Heine verwiesen:

»Der Ernst tritt um so gewaltiger hervor, wenn der Spaß ihn ankündigt.«

In diesem Sinne sollte man Justitia nicht zu sehr reizen, sie wird sonst nicht mit Strafe geizen!

2. Der schlechte Karnevalsscherz

Es ist gerichtsbekannt, daß – abweichend von
den Überzeugungen mancher Nicht-Rheinländer -
Karneval in Köln eine todernste Sache ist...

LG KÖLN, NJW 1987, 1422

Viele Gerichtsfälle ranken sich rund um den Karneval, wobei naturgemäß ein besonderer Schwerpunkt in der Narrenmetropole Köln und Umland festzustellen ist.[6] Wo am heftigsten gefeiert wird, kommt es schon statistisch zu den meisten Schäden. Wenn das närrische Treiben einmal derartige Folgen hat, was aufgrund alkoholbedingter oder sonstiger Enthemmungen in Karnevalszeiten verstärkt vorkommt, hört der Spaß bei den Betroffenen in der Regel schlagartig auf. Diese spezielle und schmerzliche Erfahrung mußte auch die Angestellte eines Reisebüros im Ruhrgebiet machen.

Die lebenslustige R hatte sich vor einigen Jahren an Weiberfastnacht leichtsinnigerweise von der aus dem Kölner Raum herüberschwappenden Welle rheinischer Fröhlichkeit und Brauchtumspflege mitreißen lassen. Zur Erläuterung sei für den Karnevalslaien angemerkt, daß nach Cöllnischem Recht an »Wieverfastelovend« – wie es korrekt heißt – die Frauen die absolute Herrschaft ausüben.[7] Zeichen dieser Macht ist dabei die traditionelle karnevalistische Befugnis, männlichen Subjekten als Symbol für deren Autoritätsverlust die Krawatte abzuschneiden. Dies war offenbar einem äußerst gepflegt gekleideten »Business-Mann« – im folgenden B genannt – unbekannt, als er just an diesem Tag das besagte Reisebüro betrat. Dort fieberte bereits die erwartungsvolle R ihrem närrischen Coming-out entgegen. Kaum war B eingetreten, stürzte sich R in Vollstreckung rheinischer Traditionen auf ihn und schnitt die Krawatte ab. Eine irgendwie geartete Einwilligung des völlig verdutzten B, der nach dem Besuch im Reisebüro noch zu einem wichtigen Geschäftstermin wollte, lag nicht vor. Als offensichtlicher Nicht-Rheinländer verstand er überhaupt keinen Spaß und verklagte die närrische Täterin – *horribile dictu* – wegen der zerstörten Krawatte auf Schadensersatz in Höhe von 40 DM. Das Amtsgericht Essen mußte ein Jahr später seines Amtes walten[8], nachdem die eigentlich näher liegende Zuständigkeit des Narrengerichts – so etwas gibt es wirklich[9] – offensichtlich verneint worden war.

Das Amtsgericht Essen sprach in einem spektakulären Urteil der karnevalistischen Tradition jegliche rechtliche Relevanz ab und verurteilte die jecke Täterin antragsgemäß zur Zahlung von 40 DM für eine neue Krawatte.[10]

»Die Bekl. hat das Eigentum des Kl. an der Krawatte verletzt und damit den objektiven Tatbestand des § 823 I BGB[11] verwirklicht. Dieses Verhalten ist auch rechtswidrig gewesen. Dabei kann dahinstehen, ob aus Gründen der Sozialadäquanz, des verkehrsrichtigen Verhaltens ausnahmsweise die Rechtswidrigkeit der Eigentumsverletzung nicht indiziert wird, da die Bekl. bei ihrem Tun unstreitig bewußt und damit vorsätzlich hinsichtlich des objektiven Tatbestandes gehandelt hat. In diesem Falle ist es aber nach der herrschenden Rechtsprechung, der sich das Gericht anschließt, unzweifelhaft, daß nicht aus Gründen der Sozialadäquanz dem verwirklichten Erfolg der Unrechtsgehalt abgesprochen werden kann. Rechtfertigungsgründe standen im übrigen der Bekl. nicht zur Seite. Unstreitig geschah die Zerstörung der Krawatte ohne Einwilligung des Kl. Auch für die Annahme einer mutmaßlichen Einwilligung ist kein Raum. Denn eine mutmaßliche Einwilligung im Zivilrecht kommt nur dann als Rechtfertigung in Betracht, wenn das betroffene Opfer nicht in der Lage ist, ausdrücklich die Einwilligung selbst zu erklären. Dies ist aber offensichtlich nicht der Fall gewesen (vgl. *Soergel-Zeuner*, BGB, 11. Aufl., § 823 Rdnr. 199).

Die Bekl. hat auch schuldhaft gehandelt. Wenn auch im Zivilrecht grundsätzlich der Vorsatz die Rechtswidrigkeit des Verhaltens mitumfassen muß, so hat dennoch die Bekl. schon aufgrund ihres eigenen Vortrages zumindest fahrlässig gehandelt. Denn die irrtümliche Annahme einer Einwilligung führt weder zur Rechtfertigung noch zum Schuldausschluß, soweit diesbezüglich nicht ebenfalls Fahrlässigkeit ausgeschlossen ist (Rechtsprechungs- und Literaturnachweise).

Die Bekl. selbst hat nicht dargelegt, daß sie selbst bei äußerster Anspannung der Sorgfaltspflichten nicht das Fehlen der Einwilligung hat erkennen können. Schon leichte Fahrlässigkeit reicht zur Verwirklichung des Verschuldenstatbestandes aus (§ 276 BGB).«

Eine juristisch durchaus vertretbare, aber extrem karnevalsfeindliche Entscheidung! In Kölner Gerichtssälen wäre es nie zu einem solchen Urteil gekommen. Doch auch Kölner Richter sind karnevalsmäßig nicht frei von jeder Schuld. Nur am Rande erwähnt sei ein Urteil des Finanzgerichts Köln, wonach eine Büttenrede keine steuervergünstigte »künstlerische Tätigkeit« ist. Sie sei zwar »in Mundart und humorvoller Weise« gehalten worden, habe aber zu viele Schablonen verwendet.[12] So darf man meines Erachtens mit dem Inbegriff rheinischer Karnevalskultur nicht umgehen. Das Gericht schöpfte seine karnevalsrechtlich zweifelhaften Erkenntnisse aus dem Vorlesen einer streitbefangenen Büttenrede in der mündlichen Verhandlung (!), also unter Umständen, in denen sich der künstlerische Gehalt von Büttenreden doch wirklich kaum richtig zu entfalten vermag: Gerichtssäle sind nicht das richtige Ambiente, unalkoholisierte Finanzrichter in Amtstracht wohl kaum das richtige Publikum für solche Highlights des Karnevalslebens.[13] Der Bundesfinanzhof, wahrlich kein Hort der Narretei, war allerdings mit der Verfahrensweise des Finanzgerichts Köln voll einverstanden und vertraute auf die besondere Karnevalskenntnis des Kölner Gerichts:[14]

»Es kann davon ausgegangen werden, daß die Richter des Finanzgerichts mit den Eigenschaften des Kölner Karnevals vertraut waren und sich anhand der in der mündlichen Verhandlung gewonnenen Eindrücke aus eigener Sachkunde über die künstlerischen Qualitäten der vom Kläger gehaltenen Büttenreden ein Bild machen konnten. Ein Verstoß gegen die Sachaufklärungspflicht des Gerichts (§ 76 I FGO) liegt somit nicht vor. Entgegen der Auffassung des Klägers bedurfte es auch keiner besonderen Begründung dafür, daß sich das Gericht die erforderliche Sachkunde selbst zutraute.«

Wir müssen die Entscheidung des Bundesfinanzhofs hinnehmen. Das Leben und der Karneval gehen weiter.

1 Vgl. dazu Günther, Jörg-M.: BGB in Reimen, S. 21; zu einem scherzhaften Testament vgl. RGZ 104, 22.
2 Vgl. Günther, Jörg-M.: BGB in Reimen, S. 21; zur Kritik gegenüber gereimten Urteilen; vgl. auch Sendler: Über sog. humoristische Urteile, NJW 1995, S. 847 ff.
3 RGSt 12, 140.
4 RGSt. 12, 140.
5 Vgl. z.B. KG, NStZ 1987, 467, mit ablehnenden Anmerkungen von Bohnert: NStZ 1988, 134: Die »scherzhaft« vorgebrachte Bemerkung eines Fluggastes gegenüber Kontrollbeamten bei der Gepäckkontrolle: »Mal schauen, ob sie erkennen, wie gut meine Bombe getarnt ist«, stellt eine Ordnungswidrigkeit dar; siehe jetzt auch BGH, Urt. v. 19.10.1994, I ZR 130/92: Zur Frage geschmackloser Scherzartikel.
6 Vgl. LG Köln, NJW 1987, 1421: Verkehrsunfall an »Wieverfastelovend«; LG Köln, NJW-RR 1991, 799: Zur Frage der Verkehrssicherungspflicht bei einer »Nubbelverbrennung« im Karneval; AG Eschweiler: NJW-RR 1986, 576: Schmerzensgeld für Verletzungen durch Wurfmaterialien aus dem Karnevalszug; vgl. aus der Rechtsprechung anderer närrischer Gebiete OLG Karlsruhe, NJW-RR 1987, 212: Versicherungsfragen bei Fastnachtsumzügen; BFH, NJW 1988, 376: Büttenrede als Kunst im Sinne des Steuerrechts?
7 Vgl. LG Köln, NJW 1987, 1421; vgl. Wrede, Adam: Volk am ewigen Stromband I, 1935, S. 298.
8 AG Essen, Urt. v. 3.2.1988, 20 C 691/87, NJW 1989, 399.
9 Vgl. Starck, Christian: Über Narrengerichte, NJW 1988, S. 281 ff.; Rosenfeld, Hellmut: Fastnacht, Fastnachtspiel, Narrengericht, Narren: Ursprung und Deutung, NJW 1989, S. 359 ff.; vgl. dazu auch Fehr, Hans: Narrengerichte und Narrengemeinden, in ders.: Kunst und Recht, Band 3, Bern 1936, S. 225; Peschel, Franz: Das »Faschingsrecht« und das deutsche Richterspiel, in: Sudetendeutsche Zeitschrift für Volkskunde? (1934), S. 63 ff.
10 AG Essen, NJW 1989, 399.
11 § 823 BGB Schadensersatzpflicht
   »(1) Wer vorsätzlich oder fahrlässig das Leben, den Körper, die Gesundheit, die Freiheit, das Eigentum oder ein sonstiges Recht eines anderen widerrechtlich verletzt, ist dem anderen zum Ersatze des daraus entstehenden Schadens verpflichtet.«
12 FG Köln, IV R 105/85.
13 Obwohl ja z.B. gerade das deutsche Steuerrecht von Narreteien nur so wimmelt; vgl. zum Thema auch Vogel, Klaus: Steuerrechtswissenschaft als Steuergerechtigkeitswissenschaft, JZ 1993, S. 1121 ff.
14 BFH, NJW 1988, 376.

116

XVI. Rechtsfälle in Reimen

Kölsches Handelsrecht

Die Gerichtssprache ist deutsch.

§ 184 GVG

Immer mehr Richter sind der Juristensprache überdrüssig und machen den trockenen Paragraphenstoff dadurch schmackhafter, daß Urteile komplett in Versen und Reimen abgefaßt werden. Solche Entscheidungen sind dadurch manchmal regelrechte literarische Leckerbissen, die auch dem internationalen Vergleich standhalten.[1] Ich habe an anderer Stelle[2] – angeregt durch sehr lesenswerte Fachbeiträge des Justizrats und Rechtsanwalts Dr. Werner Beaumont[3] – nachgewiesen, daß solche Urteile regelmäßig rechtswirksam sind.[4] Dies deckt sich mit den grundlegenden Forschungsergebnissen von Beaumont, die dieser sehr plakativ auf folgende Formel gebracht hat:[5] »Es ist in keinem Gesetz verleimt, daß immer ein Urteil sei ungereimt«.[6] Letzteres dachte sich auch das Landgericht Köln, als es einmal über hochsensible Fragen im Zusammenhang mit der Eintragung eines Firmennamens entscheiden mußte: Darf ein kölscher Kaufmann mit offiziellem Vornamen »Josef« entsprechend dem rheinischem Brauch statt dessen als Einzelkaufmann mit dem Namen »Jupp« in das Handelsregister eingetragen werden?[7] Das offenbar mit Dichterjuristen besetzte Gericht reimte sich folgendes Urteil zusammen:[8]

»Rechtens wollte der Beschwerdeführer melden
seine Firma zum Register. Dabei deucht' ihm,
als ein guter Kölscher Name könne gelten
Jupp, wenngleich aus der Geburtsurkunde leucht' ihm

Josef als Benennung seines Ichs entgegen.
drum »Jupp Schlömer« als die Firma einzutragen
sann dem Amtsgericht er an und wies verwegen
darauf hin, daß alle, die ihn kennen, sagen

Jupp zu ihm und niemals Josef. Doch verwies ihm
Amtsgerichtes Strenge Solches als frivoles,
nicht vertretbares Begehren, und es ließ ihm
frei zum Eintrag »Josef Schlömer« nur, wiewohl es

Willi, Heinz, für Wilhelm, Heinrich hätte hingenommen,
weil schon andere Gerichte, die erkannten,
daß Vornamen zu verkürzen in Gebrauch gekommen,
eintragbar die Namen Heinz und Willi nannten.

Auch die Kölner Industrie- und Handelskammer
sich dem rhein'schen Sprachgebrauch nicht beugen wollte
und in ihrer Äußerung zu seinem Jammer
Schlömern riet, daß er des »Jupp« entraten sollte.

Dieser zur Beschwerde ließ darob sich reißen.
Landgerichtes Handelssachen-Kammer findet:
»Josef Schlömer« muß nicht unbedingt es heißen,
zulässig ist die Beschwerde und begründet.

Einzelkaufmanns Firma muß zumindest einen
aufgeschrieben Vornamen stets enthalten,
so will's das Gesetz; auch darf gewiß man keinen
falschen Namen nennen; (nur bei ganz, ganz alten

Firmen mag es noch bei Initialen bleiben).
Sinnvoll soll auf diese Art verhindert werden
Streit um die Identität, soll'n beim Betreiben
der Vollstreckung Gläubigern nicht viel Beschwerden

zugemutet sein. Doch ist getan Genüge
des Gesetzes Sinne hier in diesem Falle.
Josef, wär' er bös, käm nimmermehr zum Siege,
wollt' er sich verleugnen, Jupp nicht sein; denn alle

– ob nun Kaufmann, Rechtsanwalt, Notar, ob Richter,
Polizist, Gerichtsvollzieher – alle wissen:
Zahlen wird für Jupp der Josef; und tut's nicht er,
nun, dann wird für Josef Jupp bezahlen müssen.

Jupp ist Josef, das weiß in und um Köln jeder.
Sonst in deutschen Landen findet – und viel ferner -
sich kaum einer, der bei »Jupp« nicht merkt, 's ist weder
Karl noch Paul noch Harald, Jürgen, Friedrich, Werner.

Darum hat das Landgericht also entschieden:
Amtsgericht versag' sich weiteres Bedenken,
trag' »Jupp Schlömer« ein und stelle ihn zufrieden,
lass' ihn seinen Schritt zu anderem Geschäfte lenken.«

Die Schriftleitung der Deutschen Notarzeitung, in der das Urteil erstmals abgedruckt wurde, verfaßte daraufhin einen wunderbaren nichtamtlichen Leitsatz, der
es selbst nach 25 Jahren verdient, über die reine Fachwelt hinaus hier einer brei-
teren Öffentlichkeit zugänglich gemacht zu werden.[9]

»›Jupp‹ für ›Josef‹ in des Einzelkaufmanns Firmennamen ins Register einzutragen, liegt in des Gesetzes Rahmen.«

Schöner und kürzer kann man den zentralen Urteilsinhalt nicht wiedergeben. Lassen wir die feinsinnige kölsche Poesie noch etwas auf uns wirken, bevor wir uns wieder anderen ungereimten Gerichtsurteilen, auf die man sich keinen Reim machen kann, zuwenden.[10]

---

1   Vgl. Vorpeil, Klaus: Urteilssprache im internationalen Vergleich, NJW 1994, S. 1925; vgl. LG Frankfurt, NJW 1982, 650; AG Oldenburg, SchlHA 1987, 115; AG Berlin-Schöneberg, NJW 1990, 1972.

2   Günther, Jörg-M.: BGB in Reimen, S. 9 ff.

3   Vgl. Beaumont, Werner: Gesetz und Recht – in Vers und Reim, NJW 1989, S. 372 ff.; ders.: Vom Amts-schimmel zum Pegasus – die Sprache des Rechts in Vers und Reim, NJW 1990, S. 1969 ff.; ders.: Reim oder Nicht-Reim, JurBüro 1992, S. 583 ff.

4   Vgl. Günther, Jörg-M.: BGB in Reimen, S. 9 ff.; siehe auch Baumbach-Lauterbach: ZPO, 50. Aufl. § 313 ZPO Anm. 7 D; OLG Karlsruhe, NJW 1990, 2010; vgl. auch Beaumont, Werner: NJW 1990, S. 1969; äußerst kritisch ist auch Hans Putzo: NJW 1987, 1426; siehe auch »Der Spiegel«, 41. Jahrgang 1987, S. 48: »Vom Pferd getroten – Richter schreiben ihre Urteile in Versform und Satire. Andere Richter kön-nen darüber gar nicht lachen.«; kritisch auch Sendler, Horst: Über sog. humoristische Urteile, NJW 1995, S. 847.

5   Beaumont, Werner: NJW 1990, S. 1971.

6   Vgl. auch Baumbach-Lauterbach: ZPO, 50. Aufl., § 313 ZPO Anm. 7 D.

7   Beschl. v. 9.1.1970 – 24 T 12/69, DNotZ 1970, 310.

8   LG Köln, a.a.O.

9   DNotZ 1970, 310; vgl. auch Beaumont, Werner: Reim oder Nicht-Reim, JurBüro 1992, S. 585.

10   Es gibt allerdings auch gereimte Urteile mit vielen Ungereimtheiten; vgl. Nr. AG Berlin-Schöneberg, NJW 1990, 1972 – Dieses Urteil ist nicht nur gereimt, sondern in kaum verständlichem Frühdeutsch ver-faßt, so daß es nur für Germanisten ohne Probleme zu lesen ist; vgl. meine Kritik des Urteils in »BGB in Reimen«, S. 12: »Hier hatte sich ein selbsterwählter Pegasus in Richterrobe auf seinem Weg zu den Göt-tern des Olymp verflogen.«

XVII. Aus Akten der Justiz

Die Zahnprothese

… und das Versicherungswesen selbst
interessiert mich sehr, aber meine
vorläufige Arbeit ist traurig.

FRANZ KAFKA[1]

Viele Rechtsfälle entspringen einem Streit mit Versicherungen. In einer Fallsammlung, die das richtige Rechtsleben wiederspiegeln soll, darf deshalb der Bereich des Versicherungsrechts nicht ausgeklammert werden. Dies gilt um so mehr, als in der Gerichtspraxis die kuriosesten Versicherungsprozesse vorkommen. Hintergrund ist der Umstand, daß man zwar im Prinzip alles mögliche versichern kann, daß aber auch alles, was passieren kann, irgendwann mal passiert. Ein Beispiel mit tragikomischen Zügen ist ein Fall, der sich vor dem Landgericht Paderborn abspielte.[2] Er entspringt dem prallen Versicherungsleben. Was war passiert?

Der 12 Jahre alte S übernachtete in der Nacht zum 6.1.1990 bei seinem Großvater. Am frühen Morgen begab sich S zum Zwecke der kindlichen Morgentoilette in das großväterliche Badezimmer. Im Rahmen seiner beabsichtigten Hygienemaßnahmen wollte S sich die Zähne putzen. Ein Zahnbecher aus undurchsichtigem Plastikmaterial stand ihm hierfür zur Verfügung. Da sich dieser grüne Becher auf einer Ablage oberhalb des Waschbeckens befand, mußte S hochgreifen, um den Zahnbecher benutzen zu können. Hierbei fiel S aufgrund des Gewichts des Bechers auf, daß dieser mit Wasser gefüllt war. In dem Glauben, er habe einfach am Abend vorher nach dem Zähneputzen nicht daran gedacht, den Becher zu leeren, holte S dies nunmehr nach. Ohne weiter hinzuschauen schüttete er den Becherinhalt in der Toilette aus. Danach putzte er sich seine Zähne. Schließlich benutzte S das Klo und zog die Toilettenspülung. Bis zu diesem Zeitpunkt also eine wirklich völlig banale Badezimmerszene, bei der absolut niemand an juristische Komplikationen denkt. Doch keine Sorge – der Fall wird noch interessant. In dem ausgeschütteten Becher befand sich nämlich die Zahnprothese des armen Großvaters. Man kann sich dessen Schrecken gut vorstellen, als er am Morgen seinen gebißlosen Zustand beseitigen wollte und im Becher – genau wie im eigenen Mund – nur gähnende Leere feststellte. Man erinnert sich unweigerlich an die Anfangszeilen eines Gedichts von General Comte de Martagne an seinen Zahnarzt Dubois de Chemant:[3]

»Der Zähne hatt' ich zweiunddreißig,
sie waren meiner Jugend Zier:

doch auch der Zahn der Zeit war fleißig;
sein Werk: mein Mund ward wüst und leer.«

Für Großvater mußte deshalb flugs für 1908 DM eine neue Zahnprothese angefertigt werden.[4] Den Schaden wollte Großvater nicht unter der Rubrik »Lebenserfahrung« abbuchen – die hatte er angesichts seines Alters sowieso schon mehr als
genug: Die Haftpflichtversicherung der Mutter von S sollte zahlen. Immerhin war
der Junge mitversichert. Die Versicherung stellte sich aber auf den etwas zynischen Standpunkt, daß nach den Versicherungsbedingungen nur eine »Beschädigung« oder »Vernichtung« der Zahnprothese ein Haftpflichtfall wäre, nicht aber –
wie hier – das reine »Abhandenkommen« in einer Toilette. Ein solches Risiko sei
im Haftpflichtversicherungsvertrag nicht inbegriffen.[5] Die Mutter von S wollte
dies nicht einsehen; sie verklagte ihre Versicherung erfolgreich auf Zahlung. Das
Amtsgericht Paderborn[6] kam zu der wahrhaft lebensnahen Erkenntnis, daß »auch
ein Abhandenkommen unter das versicherte Risiko fällt, wenn es zur Beschädigung oder Vernichtung der abhandengekommenen Sache führt (BGH NJW 59,
1492; 62, 557). In diesem Sinne ist auch die in der Toilette ausgeschüttete Prothese beschädigt. Sie kann – selbst wenn sie wieder zur Verfügung stände – nicht
mehr benutzt werden.«
    Das Landgericht Paderborn fühlte sich als Berufungsinstanz pflichtgemäß dazu
berufen, noch eines drauf'zusetzen: die friedlich in der Kanalisation schlum-
mernde Zahnprothese wurde juristisch vernichtet:[7]

»Dadurch, daß der Sohn der Klägerin die Prothese mit dem Inhalt des Bechers in das Toilet-
tenbecken gekippt hat, hat er deshalb in einer Art und Weise auf die Sache eingewirkt, die eher
als Vernichtung denn als Abhandenkommen einzuordnen ist [...] Daß die Sache in ihrer Substanz vorerst nicht beschädigt ist, schließt nicht aus, sie als vernichtet zu betrachten. Auch eine
wertmindernde Einwirkung von außen erfüllt nämlich den Begriff des Sachschadens i.S.v.
§ 1 AHB (vgl. BGH MDR 61, 485) [...] es läßt sich für den vorliegenden Fall sagen, daß das
Wegkippen der im Wasser befindlichen Prothese zur adäquaten Folge hatte, daß diese im Ent-
wässerungssystem sofort aus Gründen der Zumutbarkeit unbrauchbar wurde und im Laufe
der Zeit auch in ihrer Substanz zerstört wird. Demnach ist hier von einer Vernichtung der
Sache auszugehen, die unter den Schutz der Haftpflichtversicherung fällt.«

Die Versicherung mußte folglich – zähneknirschend – Großvaters neue Zahnprothese bezahlen. Was lernen wir aus diesem Fall? Man kann es auf eine schlichte
Formel bringen:

    Vertrauen in eine Versicherung ist gut, verklagen ist besser!

1 Der Ausspruch von Kafka bezog sich darauf, daß er als Jurist 1907 in die Versicherungsgesellschaft *Assicurazione Generali* eintrat und sich dort zunächst in das Gebiet der Lebensversicherungen einzuarbeiten hatte, vgl. dazu Höcherl, Robert: Dr. jur. Franz Kafka, NJW 1995, S. 829 ff.

2 LG Paderborn, Urt. v. 7.3.1991, 1 S 381/90, ZfS 1991. 425 = NJW-RR 1991, 1182.

3 Siehe Woodforde, John: Die merkwürdige Geschichte der falschen Zähne, München 1973, S. 112.

4 Man darf vermuten, daß diese Zahnprothese über Nacht nur noch in einem durchsichtigen Becher aufbewahrt wird.

5 Nach § 1 der AHB – Allgemeinen Haftpflichtbedingungen – ist in der Tat nur das Risiko der Beschädigung oder Vernichtung von Sachen versichert.

6 ZfS 1991, 247.

7 ZfS 1991, 425.

XVIII. Justitia in Verlegenheit

Wenn schon die Justiz in der einen
Hand eine Waage hält, dann soll es
eine Apothekerwaage sein, und wenn
sie in der anderen das Schwert hält,
dann soll es scharf sein wie ein
Rasiermesser.

KAREL CAPEK

Die Arbeit Justitias hört mit dem Fällen eines Urteils nicht auf. In der Rechtspraxis gibt es nämlich oft teuflische Probleme bei der Urteilsvollstreckung, die natürlich in einem Justizbuch nicht ausgeklammert werden dürfen. Ein »schönes« rechtshistorisches Beispiel, das übrigens der vorliegenden Fallsammlung ihren Titel gegeben hat, findet sich bei Wilhelm Busch. In seiner Schilderung »Frau Justitia in Verlegenheit«[1] dokumentiert Busch als eine Art Gerichtsreporter[2] den Versuch der Durchsetzung eines Todesurteils[3] über den Mörder und Räuber Jakob Niedermeier.

Der Täter sollte am Hochgericht – der Hinrichtungsstätte – enthauptet werden, was damals die normale Strafe für Mord war.[4] Wie so eine Hinrichtung schulmäßig durchgeführt werden mußte, beschreibt die rechtswissenschaftliche Literatur äußerst anschaulich dar:[5]

»Die Hinrichtung mit dem Schwert verlangte dem Scharfrichter die höchste Fertigkeit ab. Mit einem einzigen Hieb mußte er zwischen zwei Halswirbeln hindurchtreffen und den Kopf vom Rumpf trennen. Wie leicht konnte er danebentreffen und mußte dann ein zweites Mal zuschlagen. Das Mißlingen einer Enthauptung kam öfter vor, und die Rechtsordnungen rechneten auch damit, denn sie betonten häufig die Unverletzlichkeit des Henkers und stellten Mißachtung unter schwere Strafen. Zeitgenössische Darstellungen von Hinrichtungen in früheren Zeiten geben einen weitaus besseren Einblick in die gehandhabte Praxis als überlieferte schriftliche Schilderungen. Sie zeigen meist folgendes Bild: Der Verurteilte kniet auf dem Erdboden oder auf einem besonderen Gerüst, die Hände gefesselt oder zum Gebet gefaltet. Das Hemd ist weit vom Hals abgezogen, der Nacken entblößt [...] Nach der erfolgten Enthauptung wurde früher regelmäßig, später häufig der abgetrennte Kopf auf einer Stange oder an den Stadttoren aufgesteckt.«

Theorie und Praxis klafften aber manchmal auseinander. In dem Fall, den Busch uns schildert, kam alles ganz anders und Justitia in Verlegenheit. Sie mußte sich – ausnahmsweise – der Macht des Faktischen beugen. Der zum Tode verurteilte Täter Niedermeier konnte anatomiebedingt sein hochkriminelles Leben retten:

Frau Justitia in Verlegenheit

»Seht, da steht das Ungeheuer
Namens Jakob Niedermeier!
Der, nachdem er anfangs Schreiber,
Später Mörder ward und Räuber.

Als dies aber aufgekommen,
Hat man ihn in Haft genommen;
Und man faßte den Beschluß,
Daß man Jakob köpfen muß.

Man vergaß jedoch hierbei,
Daß der Jakob bucklig sei;
Und, sieh' da, am Hochgericht -
Ach herrje! – da ging es nicht.«

[1] Abgedruckt u.a. in Pinson, Roland W. (Hrsg.): Liebe, Mord und Schicksalsschlag, Bayreuth 1982, S. 8.
[2] Hier sei angemerkt, daß ich den berühmtesten aller Gerichtsreporter Paul Schlesinger (1879–1929) – bekannt als Sling – sehr verehre; besonders lesenswert ist die Sammlung seiner Gerichtsreportagen aus den zwanziger Jahren: Sling: Richter und Gerichtete, München 1977.
[3] Vgl. dazu im einzelnen: Kohlrausch, Eduard: Todesstrafe, in: Handwörterbuch der Kriminologie Bd. II. 1936; Greinwald: Die Todesstrafe, 1948; Güldemeister, Günter: Todesstrafen, in: Radbruch, Gustav/Gwinner, Heinrich: Geschichte des Verbrechens, S. 387 ff.
[4] Die Todesstrafe wurde in der Bundesrepublik Deutschland schließlich durch Art. 102 GG abgeschafft.
[5] Vgl. Güldemeister, Günter: Todesstrafen, in: Radbruch, Gustav/Gwinner, Heinrich: Die Geschichte des Verbrechens, S. 387–388.

« Messieurs, la joie du Deuil que nous ressentons tous
également dans cette enceinte . . . .

XIX. Justitia – quo vadis?

Es kann keiner gerecht sein,
der nicht menschlich ist.

MARQUIS DE VAUVENARGUES

Die Zukunft der Justiz steht in den Sternen. Besonders rosig sieht sie nicht aus, wie die zunehmende Kritik an Urteilen und langen Prozeßverfahren zeigt.[1] Der Rechtsstaat befindet sich eindeutig in einer Krise.[2] Die Gerichte aller Instanzen sind völlig überlastet und ertrinken in Aktenbergen; öffentliche Kritik aus eigenen Reihen ist nicht erlaubt.[3] Man fragt sich, wie lange die deutsche und europäische Gesetzesflut noch braucht, um alle Dämme endgültig einzureißen. Schon jetzt kann man wegen der größten Kleinigkeiten die höchsten Gerichte bemühen.[4] Der ohnehin per se schon schwerfällige Justizapparat[5] droht mittelfristig funktionsunfähig zu werden, woran er allerdings selbst nicht ganz unschuldig ist.[6] Der Hang zu übergroßem Perfektionismus bläht manches Urteil auf, ohne es besser zu machen.[7] Übernehmen im Rechtsstaat der Zukunft schließlich kalte Rechtsprechungsroboter das Regiment von Richterinnen und Richtern, um den vermeintlichen Justizkollaps zu vermeiden?[8] Wäre das die Gerechtigkeit, wie sie den göttlichen Vorstellungen Justitias entspricht? Ich kann und will das nicht glauben. Mir sind menschliche Urteile, wie sie gerade auch in diesem Buch dokumentiert werden, lieber als eine seelenlose Maschinenjustiz. Für die Zukunft Justitias wünsche ich mir deshalb viele Juristinnen und Juristen, die eine Haltung zu ihrem Beruf und zum Leben haben, wie sie in dem wunderbaren Ausspruch eines amerikanischen Juristen zum Ausdruck kommt:[9]

»Es gibt Augenblicke, in denen ich lieber eine Vorschrift als ein Herz breche!«[10]

---

[1] Vgl. dazu Schellenberg, Frank: Überlegungen zur öffentlichen Justizkritik, ZRP 1995, S. 41 ff.; Schaefer, Hans Christoph: Justiz zwischen Anmaßung und Ohnmacht, NJW 1994, S. 428 ff.

[2] Vgl. dazu Lüke, Gerhard: Zur Krise des Rechtsstaates, NJW 1995, S. 173 ff.

[3] Vgl. KG Berlin, NJW 1995, 883.

[4] Vgl. dazu die kritischen Worte von Ingo von Münch: Rechtskultur, NJW 1993, S. 1677: »Mit Rechtskultur im weitesten Sinne hat wohl auch die Frage zu tun, für welche Minimalia der Gesetzgeber den Weg zu Oberlandesgerichten und/oder zum BGH eröffnen sollte. Nicht wie der BGH kürzlich den Fall quakender Frösche entschieden hat – BGH, NJW 1993, 925 –, sondern daß überhaupt dieser Fall vor den BGH gekommen ist, scheint mir ein Problem der Rechtskultur zu sein.«; zu dem Frosch-Fall vgl. Günther, Jörg-M.: Baumschutzsatzungen – eine rechtliche und tatsächliche Bilanz, NWVBL 1995, S. 92 ff.; ders.: Baumschutzrecht, Rn. 136 ff.

[5] Vgl. Schaefer, Hans Christoph: NJW 1994, S. 428.

6   Vgl. z. B. Schmidt-Hieber, Werner/Kieswetter, Ekkehard: NJW 1992, S. 1794: »Aber hohe Gerichte halten sich etwas darauf zugute, durch äußersten Einsatz an Rechtsgelehrsamkeit die Umweltschädlichkeit
von Pferdeäpfeln, Hundekot und zweimal benutzten Eierkartons nachgewiesen zu haben. Läge es denn
nicht näher – und wäre der Publikationseifer nicht lohnender –, derartige Rechtsverstöße ungeahndet zu
lassen: etwa wegen Geringfügigkeit (§ 153 StPO, 47 OWiG) …«

7   Vgl. Lüke, Gerhard: NJW 1995, S. 174, unter Hinweis auf BGHZ 119. 75 = NJW 1992, 2570; vgl. auch
Wassermann: NJW 1994, S. 2197, der zu Recht von »hausgemachten Problemen« der Justiz spricht.

8   Vgl. zur Rechtsanwendung durch Computer DRiZ 1993, S. 349 ff.

9   Zitiert nach Seibert, Claus: Die Robe, MDR 1958, S. 479.

10 Für den Rechtsprechungsrobotor würde es diese Augenblicke gar nicht geben.

XX. Das letzte Wort[1]

Ein Richter, der verdammt,
ist stark nur im Vernichten.
Des echten Richters Amt
ist, wieder aufzurichten.

JULIUS HAMMER

---

[1] Nach § 258 Abs. 2 StPO »gebührt dem Angeklagten das letzte Wort«.

Verzeichnis der verwendeten Literatur

Arndt, Adolf: Der Fall Rohrbach als Warnung, NJW 1962, S. 25 ff.

Baumbach, Adolf u. a.: ZPO Kommentar, 53. Aufl., München 1995.

Beaumont, Werner: Gesetz und Recht – in Vers und Reim, NJW 1989, S. 372 ff.

ders.: Vom Amtsschimmel zum Pegasus – die Sprache des Rechts in Vers und Reim, NJW 1990, S. 1969 ff.

ders.: Reim oder Nicht-Reim, JurBüro 1992, S. 372.

ders.: Kurioses, JurBüro 1993, S. 665.

Bebel, August: Die Frau und der Sozialismus, 1953.

Bender, Bernd: Parapsychologie und Rechtsordnung, NJW 1977, S. 1089 ff.

Bergmann, Thomas: Giftzwerge. Wenn der Nachbar zum Feind wird, München 1992.

Bertram, Günter: Spatzen und Kanonen, NJW 1995, S. 238 ff.

ders.: Minima non curat praetor, NJW 1994, S. 1045.

Beuys, Joseph: Alles ist Kunst, in: Bitburger Gespräche, Jahrbuch 1977/78, S. 135 ff.

Binding, Karl: Lehrbuch des gemeinen deutschen Strafrechts, Besonderer Teil, Binding 1902–1905.

Bosselmann: Eigene Rechte für die Natur, KritJ 1986, S. 1 ff.

Braun, Johann: Kunstprozesse von Menzel bis Beuys, München 1995.

Cuppers, Josef: Gesetzlicher Zwang zur Lüge? NJW 1950, S. 933 ff.

Dallinger: Aus der Rechtsprechung des BGH in Strafsachen, § 338 StPV, MDR 1971, S. 364.

Daum, Ulrich: Humanismus und Straßenverkehrsrecht, NZV 1990, S. 61 ff.

Dery, Tibor: Geschichte vom Leben und Sterben des heiligen Ambrosius Bischof von Mailand, 1977.

Deschner, Karlheinz: Die beleidigte Kirche, 1986.

Deubner, Karl G.: Urteilsanmerkungen zu OLG Celle, NJW 1967, 1922.

Dreher, Eduard/Tröndle, Herbert: Kommentar zum StGB, 46. Aufl., München 1993.

Drewitz-Eiles: Mut zur Meinung. Gegen die zensierte Freiheit, 1980.

Döblin, Alfred: Die Vertreibung der Gespenster – Berlin und die Künstler, 1968.

Ebel, F.: Über Legaldefinitionen, Jur. Dissertation. Tübingen 1973.

Eberle: Der Reiseveranstaltungsvertrag, 2. Aufl., 1979.

Engelhard: Urteilsanmerkungen zu OLG Kiel, JW 1931, 2524.

Everding, August: Theater und Justiz, NJW 1984, S. 1087 ff.

Fehr, Hans: Narrengerichte und Narrengemeinden, in: Kunst und Recht, Band 3, Bern 1936.

FEVE: Glosse: Untergang der Gartenzwerge? GewArch 1993, S. 150 ff.

Filthaut, Werner: Die neuere Rechtsprechung zur Bahnhaftung, NZV 1994, S. 175 ff.

Franzen, Hans/Apel, Klaus: Prozeßaufwand bei Gericht und Anwalt, NJW 1988, S. 1059 ff.

Goethe, Johann Wolfgang von: Götz von Berlichingen, Weimarer Ausgabe Band 39, 1897.

ders.: Faust, Leipzig 1793.

Göhler, Erich: OWiG, Kommentar, 11. Auflage, München 1994.

Görlach, Manfred: »Üb' Ersetzen« – zu neuen Sammlungen mit Übersetzungen des Max und Moritz, in: Wilhelm-Busch-Jahrbuch 1985, S. 75.

Grebstein, Sheldon Norman (Hrsg.): Monkey Trial, The State of Tennessee versus Johann Thomas Scopes, Boston 1960.

Greger, Reinhard: Ein Zeuge ist kein Zeuge – zum Beweiswert des Beifahrers, NZV 1988, S. 13 ff.

Greinwald: Die Todesstrafe, 1948.

Gribbohm, Günter: Schaden, Bereicherung und das Erfordernis ihrer Stoffgleichheit bei Diebstahl und Unterschlagung, NJW 1968, S. 1270 ff.

Grochtmann, Harald: Unerklärliche Ereignisse, überprüfte Wunder, und juristische Tatsachenfeststellung, 2. Aufl., 1990.

Güldemeister, Günter: Todesstrafen, in: Radbruch, Gustav/Gwinner, Heinrich: Geschichte des Verbrechens, Frankfurt 1990, S. 387 ff.

Günther, Jörg-M.: Der Fall Max und Moritz, Frankfurt 1988.

ders.: Der Fall Struwwelpeter, Frankfurt 1989.

ders.: Der Fall Rotkäppchen, Frankfurt 1990.

ders.: BGB in Reimen, Frankfurt 1994.

ders.: Baumschutzrecht, München 1994.

ders.: Baumschutzvorschriften – rechtliche Bilanz, tatsächliche Handhabung, und allgemeine Perspektiven, Wertermittlungsforum 1994, S. 105 ff.

ders.: Baumschutzsatzungen – eine rechtliche und tatsächliche Bilanz, NWVBL 1995. S. 89 ff.

Günther, Jörg-M./Kern, Martina: Die zivilrechtliche Haftung im Tennissport, VersR 1993, S. 796 ff.

Günther, Jörg-M./Traumann, Edzard: Wohnraumbeschlagnahme zur Unterbringung Obdachloser, NVwZ 1993, S. 130 ff.

Hansen, Joseph: Zauberwahn, Inquisition und Hexenprozeß im Mittelalter und die Entstehung der großen Hexenverfolgung, 1900.

Heinrich, Peter/Bosetzky, Horst: Kritische Anmerkungen zu den Anmerkungen unserer Kritiker: Wenn Krähen hacken, VR 1986, S. 220 ff.

Helmken, Dierk: Wider Schulmeister und Faustrecht auf deutschen Straßen, NZV 1991, S. 372 ff.

Henkel, Martin/Taubert, Rolf: Die dionysische Amtsstube oder Schmoozing als Lehrfach, VR 1986, S. 217 ff.

Hesse, Hermann: Über Literatur – Der Umgang mit Büchern, Berlin/Weimar 1978.

Hillgruber, Christian/Schemmer, Franz: Darf Satire wirklich alles? JZ 1992, S. 946 ff.

Hilse, Hans-Günter: Verkehrsunfälle und deren Bekämpfung durch die Polizei im demokratischen Verfassungsstaat, NZV 1993, S. 8 ff.

Hippel, Fritz von: Die Perversion von Rechtsordnungen, Tübingen 1950.

Höcherl, Robert: Dr. jur. Franz Kafka (1883-1924), NJW 1995, S. 829 ff.

Holzendorff: Das Verbrechen des Mordes und die Todesstrafe, Berlin 1875.

Homburg, Peter: Heiler und Bürokraten, MDR 1994, S. 340 ff.

Hucko, Elmar Mathias (Hrsg.): Warum heißt der Palandt Palandt? Bonn 1995.

Ihering, Rudolf von: Scherz und Ernst in der Jurisprudenz, 1964.

Isermann, Edgar: Reisen – nur noch ein Rechtsabenteuer? NJW 1988, S. 873 ff.

Jauernig, Othmar: BGB, Kommentar, 7. Aufl., München 1994.

Junker, Abbo: Gartenzwerge und Artenschutz, JZ 1988, S. 1012 ff.

Kaiser, G.: Tendenzen in der Entwicklung des heutigen Strafrechts, Schriften der ev. Akademie in Hessen und Nassau, H. 103/1973.

Karpen, Ulrich/Hofer, Katrin: Die Kunstfreiheit des Art. 5 III 1 GG in der Rechtsprechung seit 1985, Teil 1, JZ 1992, S. 951 ff.

Karst, J. (Hrsg.): Klaus Staeck. Die Reichen müssen noch reicher werden, Politische Plakate, 1973, S. 19.

Kästner, Erich: Wieso warum? Ausgewählte Gedichte 1928–1955, 1962.

Kirchmann, von: Die Wertlosigkeit der Jurisprudenz als Wissenschaft, 1848.

Kirschbaum, Klaus: Die »verkaufte« Braut – Hintergründiges zur Auslobung in den Meistersingern, MDR 1992, S. 1118 ff.

Knigge, Adolph Freiherr v.: Über den Umgang mit Menschen, Leipzig 1969.

Kohlrausch, Eduard: Todesstrafe, in: Handwörterbuch der Kriminologie, Band II, 1936.

Krüger, Hartmut: Anmerkungen zu OVG Münster NWVBL 1992, 65, ebendort.

Küpper, Wilfried: Die dämonische Macht des »Katzenkönigs«, JZ 1989.

Lenz, Karl-Friedrich: Das Ungewöhnlichste im Recht, München 1991.

Lessing, Gotthold Ephraim: Damon oder die wahre Freundschaft, in: Frühe Komödien, Leipzig 1979.

Lorz, Albert: Die Rechtsordnung als Hilfe für das Tier, NuR 1994, S. 473 ff.

Lübbe, Anna: Hat der Tierschutz Verfassungsrang, NuR 1994, S. 471 ff.

Lüke, Gerhard: Zur Krise des Rechtsstaates, NJW 1995, S. 173 ff.

Machunsky, Jürgen: Krieg der Gartenzwerge, Göttingen 1990.

Mertens, Willi: Über Recht und Rechthaberei im Verkehr, MDR 1995, S. R 1.

Middendorf, Wolf: Maria Stuart – Historisch-kriminologische Bemerkungen, MDR 1971, S. 366 ff.

Mühe, Gregor: Das Gesetz zur Verbesserung der Rechtsstellung des Tieres im bürgerlichen Recht, NJW 1990, S. 2239 ff.

Müller, Ludwig: Die kleine Welt der Gartenzwerge, Niedernhausen 1986.

Müller-Dietz, Heinz: Alles was Recht ist, Heidelberg 1982.

Müller-Jabusch: Götzens grober Gruß, Berlin 1941.

Münch, Ingo von: Rechtskultur, NJW 1993, S. 1677 ff.

Müssig, Peter: Rechtsgutverletzungen und ihre Folgen im Recht der unerlaubten Handlung – Max und Moritz im Spiegel des Deliktsrechts, Der Verwaltungswirt 1987, S. 25 ff. und 1988, S. 25 ff.

N.N.: Über die Crux von Festschriften und von Jubilaren, DöV 1991, S. 709 ff.

Ostendorf: Präventionsmodell »Ladendiebstahl«: Doppelter Wertersatz, ZRP 1995, S. 18 ff.

Ott, Martin: Verfassungskonforme Auslegung des § 1300 BGB, MDR 1973, S. 104 ff.

Palandt, Otto: BGB, Kommentar, 54. Aufl., München 1995.

Paulus, Christoph: Ein Plädoyer für unscheinbare Normen, JuS 1994, S. 367 ff.

Pausch, Alfons/Pausch, Jutta: Goethe-Zitate für Juristen, 2. Aufl., Köln 1995.

Peschel, Franz: Das »Faschingsrecht« und das deutsche Richterspiel, Band 3, in: Sudetendeutsche Zeitschrift für Volkskunde 3, 1934, S. 63 ff.

Pidde, Ernst von: Ring des Nibelungen im Lichte des deutschen Strafrechts, Hamburg 1982.

Pieroth, Bodo/Schlink, Bernhard: Grundrechte Staatsrecht II, 9. Aufl., Heidelberg 1993.

Pinson, Roland W. (Hrsg.): Liebe, Mord und Schicksalsschlag, Bayreuth 1982.

Puntsch, Eberhard: Witze, Fabeln, Anekdoten, München 1968.

Putzo, Hans: Urteilsanmerkungen zu AG München, NJW 1987, 1425, ebendort.

Radbruch, Gustav: Das Strafrecht der Zauberflöte, München 1948.

Radbruch, Gustav/Gwinner, Heinrich: Geschichte des Verbrechens, Frankfurt 1990.

Riedl: Die Rechtsfigur des Redaktionsversehens, AöR 1994, S. 642 ff.

Rosenfeld, Hellmut: Fastnacht, Fastnachtsspiel, Narrengericht, Narren: Ursprung und Deutung, NJW 1989, S. 359 ff.

Roxin, Klaus: Karl May – ein Straffälliger als Dichter, Skripten des Kölner Anwaltvereins, Heft 40, Köln 1990.

Rupprecht, Reinhard (Hrsg.): Polizei-Lexikon, Heidelberg 1986.

Rüping, Heinrich.: Verfassungs- und Verfahrensrecht im Grundsatz des rechtlichen Gehörs, NVwZ 1985, S. 304 ff.

Schackow, Albrecht: Die Kunst, Prozesse zu verhüten, NJW 1967, S. 1201 ff.

Schaefer, Hans Christoph: Justiz zwischen Anmaßung und Ohnmacht, NJW 1994, S. 428 ff.

Schellenberg, Frank: Überlegungen zur öffentlichen Justizkritik, ZRP 1995, S. 41 ff.

Schiller, Friedrich von: Die Künstler, Leipzig 1803.

Schmidt: Sind Hunde Plastiktüten? JZ 1989, S. 790 ff.

Schmidt-Hieber, Werner/Kiesswetter, Ekkehard: Parteigeist und politischer Geist in der Justiz, NJW 1992, S. 1790 ff.

Schmidt/Heinicke: Einkommenssteuergesetz, Kommentar, 12. Aufl., München.

Schmidthäuser, Eberhard: Anmerkungen zu BGH, JZ 1984, S. 194.

Schrader, Herman: Der Bilderschmuck der deutschen Sprache in tausend volkstümlichen Redensarten, Berlin 1912.

Schroeder, Friedrich-Ch.: Der Schutz der Zombiewürde, JZ 1990, S. 858 ff.

Schumann, Gerhard: Freundliche Bosheiten, Bodmann/Bodensee 1965.

Schwarz, Otto: Erwiderung von Beleidigungen, NJW 1958, S. 10 ff.

Schwarze von: Zopfabschneiden ist Körperverletzung, Allgemeine Gerichtszeitung für das Königreich Sachsen, Band 16, S. 247.

Seibert, Claus: Ältere Entscheidungen des Reichsgerichts, MDR 1967, S. 276.

ders.: Das Goethe-Zitat, MDR 1971, S. 110.

ders.: Lerne lachen, ohne zu weinen – Dr. jur. Kurt Tucholsky, MDR 1977, S. 552.

ders.: Aus der englischen Rechtsprechung. Strafrecht, MDR 1965, S. 552 ff.

ders.: Die Robe, MDR 1958, S. 479.

Seider, Rainer: Neue juristische Aspekte in Richard Wagners »Ring des Nibelungen«, MDR 1993, S. 1171 ff.

ders.: Juristische Betrachtungen zu Richard Wagners »Lohengrin«, MDR 1991, S. 1127 ff.

Sello: Die Irrtümer der Strafjustiz und ihre Ursachen, Berlin 1911.

Sendler, Horst: Über sog. humoristische Urteile, NJW 1995, S. 847 ff.

ders.: Der Maria-Theresien-Taler als Mittel zur Rechtsfindung, DöV 1991, S. 521 ff.

ders.: Der Rechtsstaat im Bewußtsein seiner Bürger, NJW 1989, S. 1768 ff.

ders.: Rechtsstaat vor 200 Jahren und heute: Der Prozeß über des Esels Schatten und seine Lehren, NJW 1994, S. 2740 ff.

Senfft, Heinrich: Schmäher vor Gericht, Göttingen 1993.

Sina, Peter: Goethe als Jurist, NJW 1993, S. 1430 ff.

Skaupy, Walter: Große Prozesse der Weltgeschichte, Essen 1976.

Sling (= Paul Schlesinger): Richter und Gerichtete, München 1977.

Snell, Otto: Hexenprozesse und Geistesstörung, 1891.

Soergel: BGB, Kommentar, Bd. 8, Familienrecht II, Stuttgart u.a. 1987.

Spangenberg, Ernst: Ist der Dienstweg gestreut, Frankfurt 1986.

Spee, Friedrich von: Cautio criminalis oder Rechtliche Bedenken wegen der Hexenprozesse, Deutsche Ausgabe von Joachim-Friedrich Ritter, Forschungen zur Geschichte des deutschen Strafrechts, Band I. 1939.

Sprenger, Jacob/Institoris, Heinrich: Der Hexenhammer, 3 Teile, Nachdruck, München 1983.

Starck, Christian: Über Narrengerichte, NJW 1988, S. 281 ff.

Steinert, Karl-Friedrich: Die Aktenmalerei – Wider eine verbreitete Unsitte, NJW 1993, S. 1450 ff.

Tange, Ernst Günter: Vom Vergnügen Recht zu haben, Frankfurt 1992.

Teichmann, Arndt: Die Entwicklung der Rechtsprechung zum Reiserecht von 1986 bis 1993, Teil 1, JZ 1993, S. 823 ff.

Teubner, Ernst: Satirisches Rechtswörterbuch, 2. Aufl., Köln 1992.

Traxler, Hans: Die Wahrheit über Hänsel und Gretel, Reinbek bei Hamburg 1983.

Tschechow, Anton P.: Ein Lesebuch für unsere Zeit – Das Haus mit dem Giebelzimmer, Weimar 1954.

Tucholsky, Kurt: Drei Minuten Gehör, Leipzig 1968.

Vauvenargues, Marquis de: Reflexion et Maximes, Paris 1746.

Vogel, Klaus: Steuerrechtswissenschaft als Steuergerechtigkeitswissenschaft, JZ 1993, S. 1121 ff.

Vorpeil, Klaus: Urteilssprache im internationalem Vergleich, NJW 1994, S. 1925 ff.

Walter Gerhard: Anmerkungen zu BGH, NJW 1988, 566.

ders.: Freie Beweiswürdigung, 1979.

Weber, Hermann: Der Sonnenwirt – der klassische Roman eines klassischen Kriminalfalls, NJW 1982, S. 619 ff.

Wengler, Wilhelm: Über die Unbeliebtheit von Juristen, NJW 1959, S. 1705 ff.

Wieser, Eberhard: Zur Pfändung von Gartenzwergen, NJW 1990, S. 1971 ff.

Wilde, Oskar: Sämtliche Dramen, Leipzig 1975.

Wimmer, Raimund: Grundsätze des rechtlichen Gehörs, DVBl. 1985, S. 773 ff.

Wimmer, Wolf: Parapsychologen als Sachverständige? NJW 1976, S. 1131 ff.

Wolf, Joachim: Die Revision des Grundgesetzes durch Maastricht, JZ 1993, S. 594 ff.

Woodforde, John: Die merkwürdige Geschichte der falschen Zähne, München 1973.

Wrede, Adam: Volk am ewigen Stromband, 1935.

Würkner, Joachim: Das Bundesverfassungsgericht und die Freiheit der Kunst, München 1994.

Würtenberger, Thomas: Satire und Karikatur in der Rechtsprechung, NJW 1983, S. 1144 ff.

Abkürzungen

a.A.	anderer Ansicht
a.a.O.	am angegebenen Ort
AbfallG	Abfallgesetz
a.E.	am Ende
AG	Amtsgericht
AHB	Allgemeine Haftpflichtbedingungen
Anm.	Anmerkung
AöR	Zeitschrift: Archiv für öffentliches Recht
Apg.	Apostelgeschichten
ArbG	Arbeitsgericht
Art.	Artikel
Ast.	Antragsteller
AT	Allgemeiner Teil
Aufl.	Auflage
AZ	Aktenzeichen
b.	bei
BayKirchStG	Bayrisches Kirchensteuergesetz
BayOblG	Bayrisches Oberstes Landgericht
Bekl.	Beklagter
Ber.	Bericht
BerGer.	Berufungsgericht
Beschl.	Beschluß
Bet.	Beteiligte
BFH	Bundesfinanzhof
BGB	Bürgerliches Gesetzbuch
BGBl.	Bundesgesetzblatt
BGH	Bundesgerichtshof
BGHSt	Bundesgerichtshof in Strafsachen
BGHZ	Bundesgerichtshof in Zivilsachen
BMV	Bundesminister der Verteidigung
BRAGO	Bundesrechtsanwaltsgebührenordnung
BSHG	Bundessozialhilfegesetz
BStBl.	Zeitschrift: Bundessteuerblatt
BT	Besonderer Teil
BVerfG	Bundesverfassungsgericht
BVerfGE	Entscheidungssammlung des Bundesverfassungsgerichts
BVerfGG	Bundesverfassungsgerichtsgesetz
BVerwG	Bundesverwaltungsgericht
BVerwGE	Entscheidungssammlung des Bundesverwaltungsgerichts
bzw.	beziehungsweise
ca.	circa

134

ders.	derselbe
d. h.	das heißt
Diss.	Dissertation
DNotZ	Deutsche Notarzeitung
DöV	Zeitschrift: Die öffentliche Verwaltung
DRiZ	Deutsche Richterzeitung
DStR	Zeitschrift: Deutsches Steuerrecht
DVBl	Zeitschrift: Deutsches Verwaltungsblatt
DVW	Zeitschrift: Der deutsche Verwaltungswirt
Ent.	Entscheidung
EStG	Einkommensteuergesetz
e. V.	eingetragener Verein
f.	folgende
FAZ	Frankfurter Allgemeine Zeitung
FamRZ	Zeitschrift für das gesamte Familienwesen
ff.	fortfolgende
FG	Finanzgericht
FGO	Finanzgerichtsordnung
Festschr.	Festschrift
Fn.	Fußnote
FVE	Sammlung fremdenverkehrsrechtlicher Entscheidungen
GA	Goltdammer's Archiv für Strafrecht
geb.	geboren
GewArch	Zeitschrift: Gewerbearchiv
GG	Grundgesetz
ggf.	gegebenenfalls
GV	Gesetzes- und Verordnungsblatt
GVG	Gerichtsverfassungsgesetz
H.	Heft
HansOLG	Hanseatisches Oberlandesgericht
h. M.	herrschende Meinung
Hrsg.	Herausgeber
insb.	insbesondere
i. S.d.	im Sinne des
i. V.m.	in Verbindung mit
JA	Zeitschrift: Juristische Ausbildung
Jb.	Jahrbuch
JR	Zeitschrift: Juristische Rundschau
Jura	Zeitschrift: Juristische Ausbildung
JurBüro	Zeitschrift: Das juristische Büro
JuS	Zeitschrift: Juristische Schulung
JW	Zeitschrift: Juristische Wochenzeitung
JZ	Juristenzeitung
KG	Kammergericht
krit.	kritisch

KritJ	Zeitschrift: Kritische Justiz
LG	Landgericht
LK	Leipziger Kommentar zum Strafgesetzbuch
LZ	Leipziger Zeitschrift für das deutsche Recht
MDR	Monatszeitschrift für deutsches Recht
m.w.N.	mit weiteren Nachweisen
NJW	Zeitschrift: Neue Juristische Wochenschrift
Nr.	Nummer
NStZ	Neue Zeitschrift für Strafrecht
NuR	Zeitschrift: Natur und Recht
NVwZ	Neue Zeitschrift für Verwaltungsrecht
NVwZ-RR	Rechtsprechungsreport der Neuen Zeitschrift für Verwaltungsrecht
NWVBL	Nordrhein-Westfälische Verwaltungsblätter
NZWehrR	Neue Zeitschrift für Wehrrecht
NZV	Neue Zeitschrift für Verkehrsrecht
OLG	Oberlandesgericht
o.D.	ohne Datum
OVG	Oberverwaltungsgericht
OWiG	Ordnungswidrigkeitengesetz
PflVG	Pflichtversicherungsgesetz
Prot.	Protokolle des Deutschen Bundestags
PSt	Personenstandsgesetz
Rdnr.	Randnummer
Rev.	Revision
RevGer.	Revisionsgericht
RG	Reichsgericht
RGSt	Reichsgericht Entscheidungssammlung in Strafsachen
RGZ	Reichsgericht in Zivilsachen, Entscheidungssammlung
Rn.	Randnummer
S.	Seite
s.	siehe
s.a.	siehe auch
SchlHA	Zeitschrift: Schleswig-Holsteiner Anzeiger
SchmuSchu	Schmutz- und Schundgesetz
Sch-Sch.	Schönke-Schröder; Kommentar zum Strafgesetzbuch
s.d.	siehe dort
s.o.	siehe oben
sog.	sogenannt
StAZ	Zeitschrift: Das Standesamt
StGB	Strafgesetzbuch
StPO	Strafprozeßordnung
StVG	Straßenverkehrsgesetz
StVO	Straßenverkehrsordnung
TierschG	Tierschutzgesetz
TüV	Technischer Überwachungsverein

u.a.	unter anderem
Urt.	Urteil
u.U.	unter Umständen
v.	von
Verf.	Verfasser
VersR	Zeitschrift für das Versicherungswesen
VG	Verwaltungsgericht
VGH	Verwaltungsgerichtshof
vgl.	vergleiche
Vol.	Volume (englisch = Band)
Vorbem.	Vorbemerkungen
VR	Zeitschrift: Verwaltungsrundschau
VRS	Verkehrsrechtssammlung
z. B.	zum Beispiel
ZDv	Zentrale Dienstvorschrift für die Bundeswehr
ZfS	Zeitschrift für Schadensrecht
ZPO	Zivilprozeßordnung
ZRP	Zeitschrift für Rechtspolitik
ZUM	Zeitschrift für Urheber- und Medienrecht

Stichwortregister

Der Autor

Jörg-Michael Günther, geboren 1960 in Castrop-Rauxel, studierte Rechtswissenschaften in Köln und promovierte nach dem zweiten juristischen Staatsexamen und Eintritt in den öffentlichen Dienst 1993 zu einem umweltrechtlichen Thema (Baumschutz). Von ihm stammt der neue juristische Lehrsatz: In dubio pro arbore! Neben seiner Haupttätigkeit ist er Lehrbeauftragter im Fach BGB an der Fachhochschule für öffentliche Verwaltung NW und Mitglied einer Prüfungskommission.

Von demselben Autor erschienen in der Reihe juristischer Literaturbetrachtung bei Eichborn: »Der Fall Max und Moritz«, »Der Fall Struwwelpeter«, »Der Fall Rotkäppchen« und »BGB in Reimen«.

Der Fall Max und Moritz

Juristisches Gutachten über die Umtriebe zweier
jugendlicher Straftäter zur Warnung für Eltern und
Pädagogen und zur speziellen Erheiterung des Juristen-
standes. »Ein toller Wurf!«   *DIE ZEIT*
124 Seiten, **16,80** DM (01858)

EICHBORN
DER VERLAG MIT DER FLIEGE